NE 능률

기본 연산
Check-Book

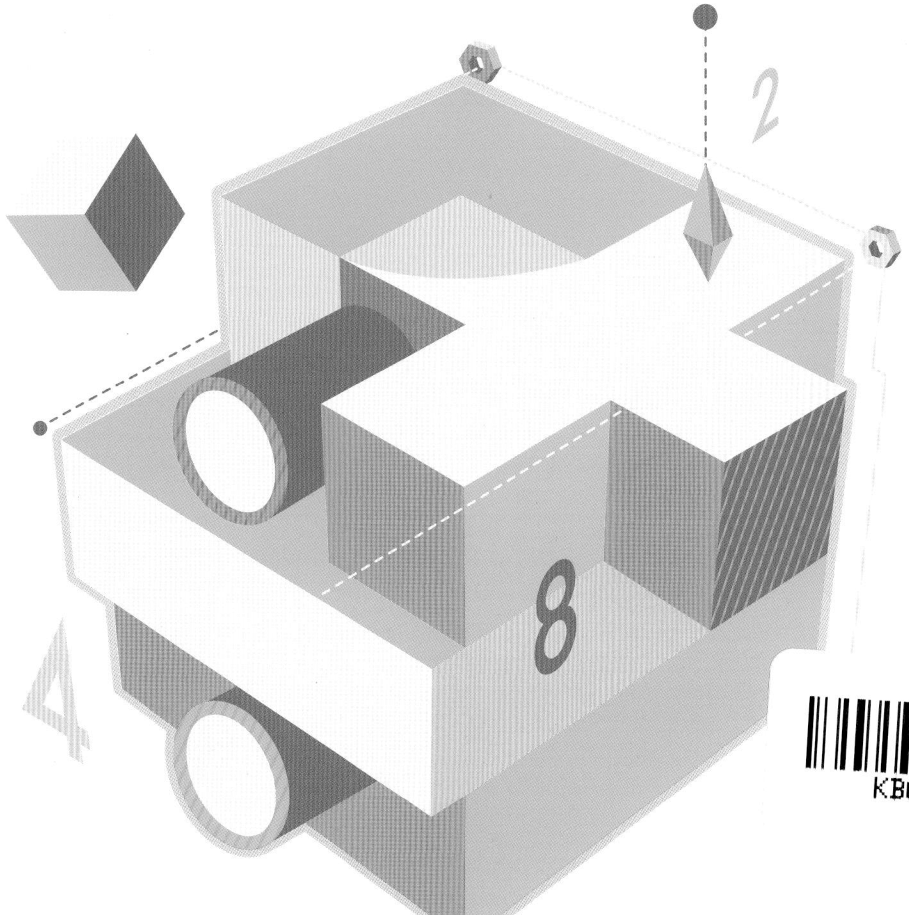

KB014136

초등3 2호

분수와 소수의 기초

1주 분수의 기초

❶ 2

(○) (   )

❷ 2

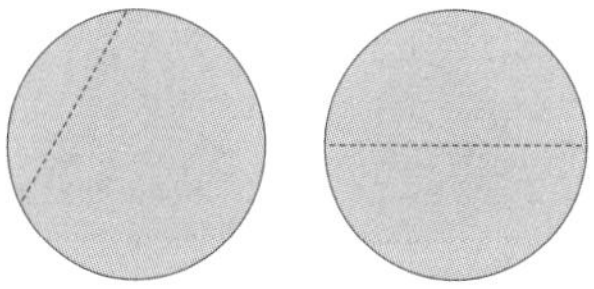

(   ) (   )

❸ 2

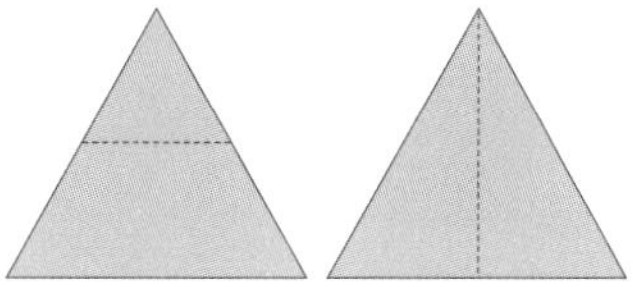

(   ) (   )

❹ 2

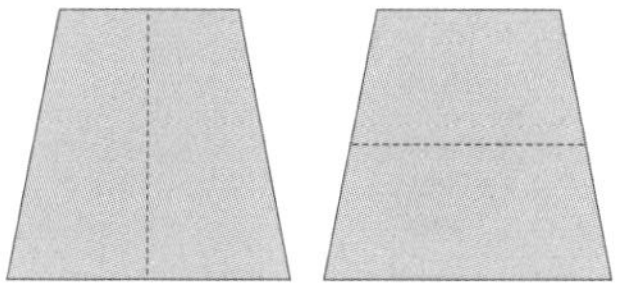

(   ) (   )

❺ 2

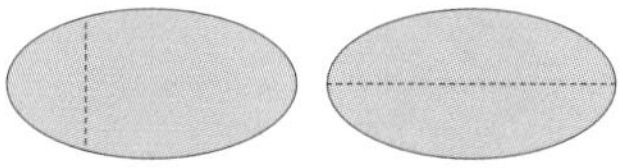

(   ) (   )

❻ 2

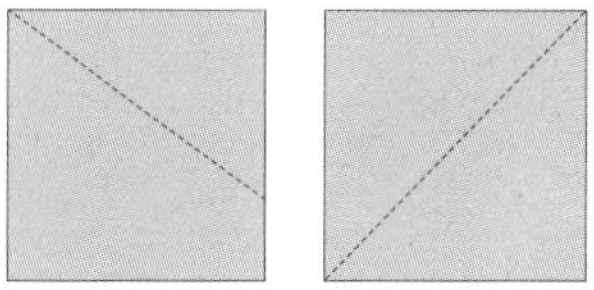

(   ) (   )

❼ 2

(   ) (   )

❽ 2

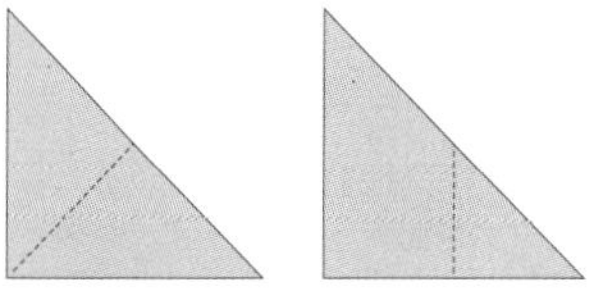

(   ) (   )

❾ 2

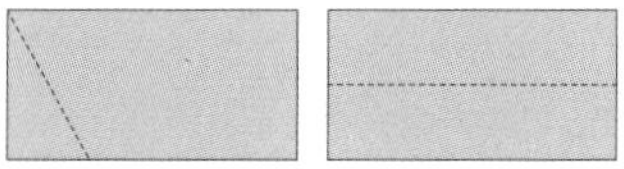

(   ) (   )

❿ 2

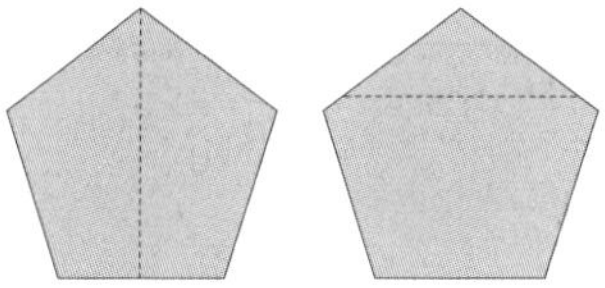

(   ) (   )

자르는 선

⑪ 3

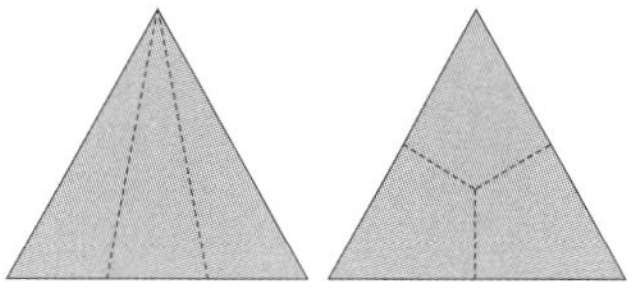

(　　) (　　)

⑫ 3

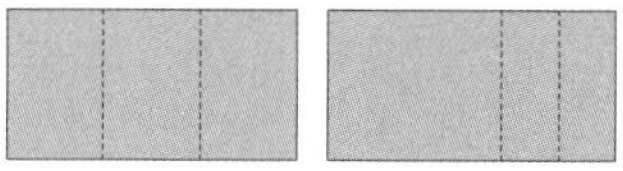

(　　) (　　)

⑬ 3

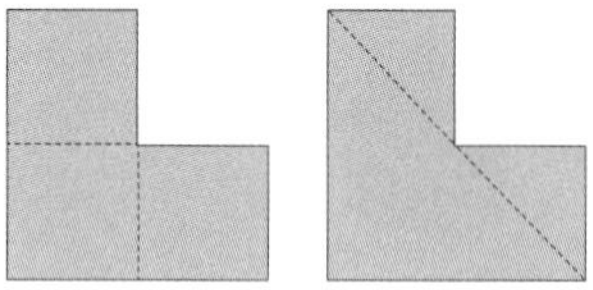

(　　) (　　)

⑭ 3

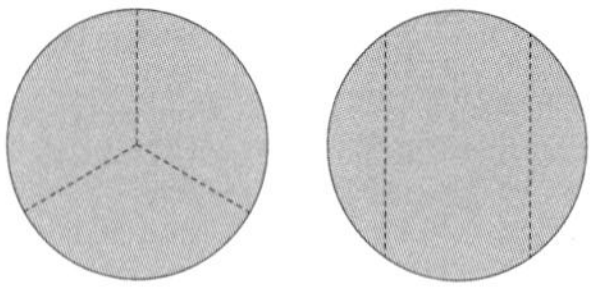

(　　) (　　)

⑮ 4

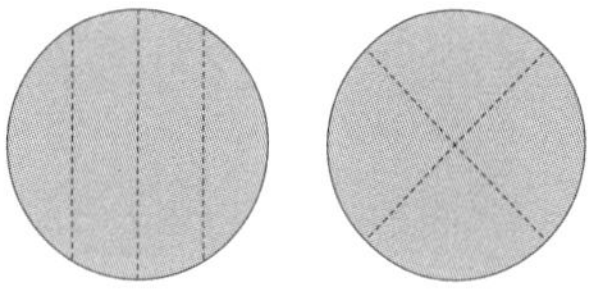

(　　) (　　)

⑯ 4

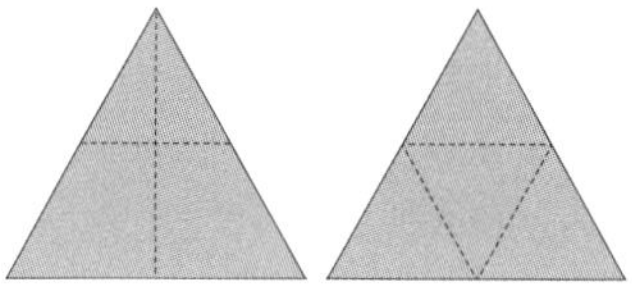

(　　) (　　)

⑰ 4

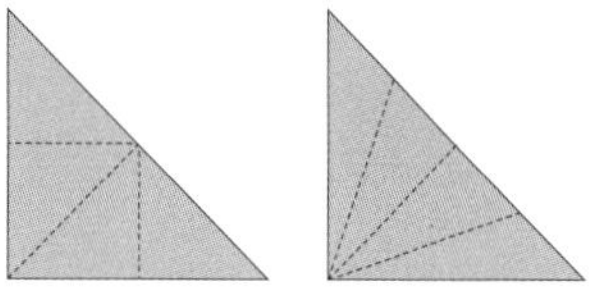

(　　) (　　)

⑱ 4

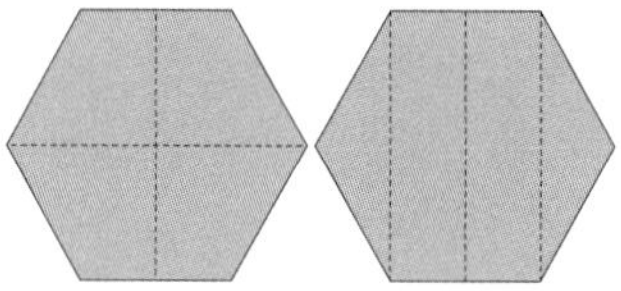

(　　) (　　)

⑲ 5

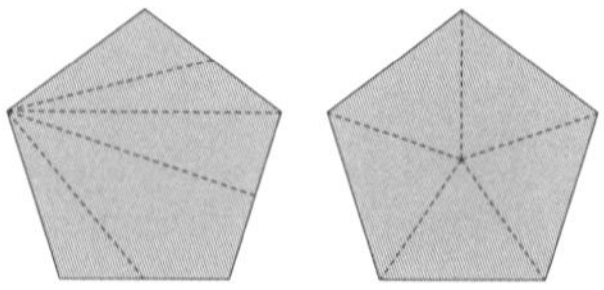

(　　) (　　)

⑳ 6

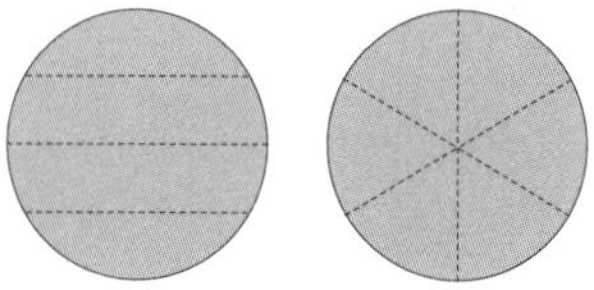

(　　) (　　)

자르는 선

2주

분수

❶ 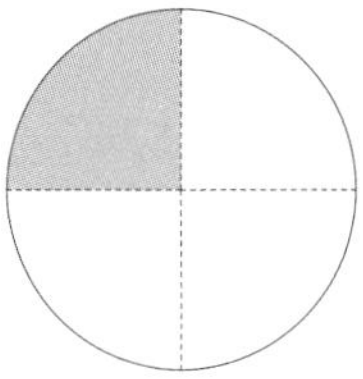

$\frac{1}{4}$ (circled) $\frac{1}{5}$

❷ 

$\frac{1}{4}$ $\frac{1}{3}$

❸ 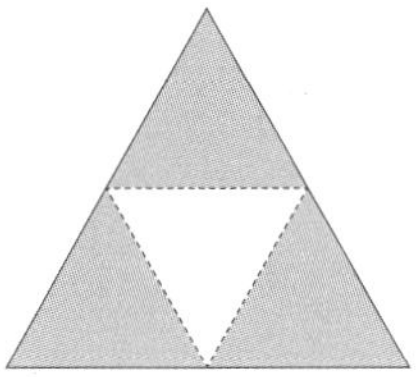

$\frac{2}{5}$ $\frac{3}{4}$

❹ 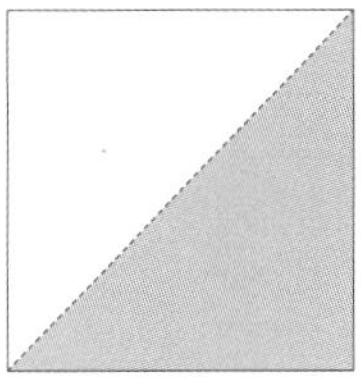

$\frac{1}{2}$ $\frac{1}{3}$

❺ 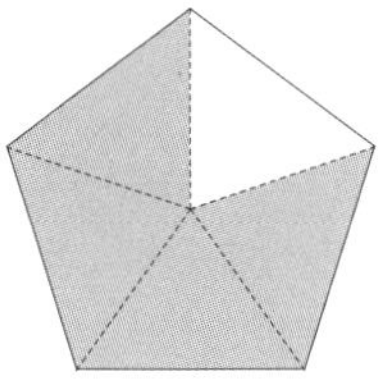

$\frac{4}{5}$ $\frac{2}{7}$

❻ 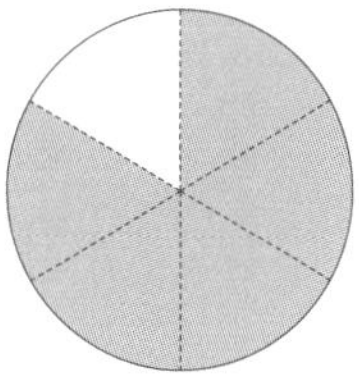

$\frac{5}{6}$ $\frac{4}{6}$

❼ 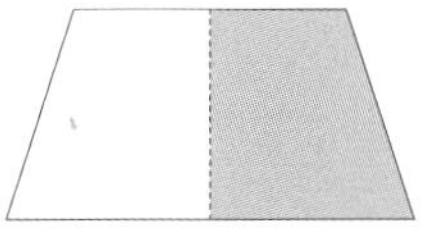

$\frac{2}{3}$ $\frac{1}{2}$

❽ 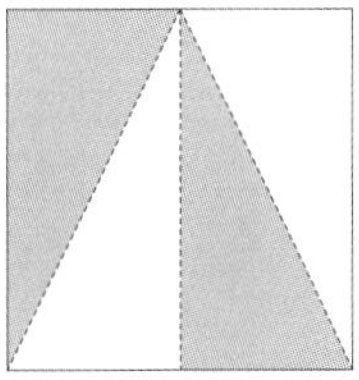

$\frac{3}{4}$ $\frac{2}{4}$

❾ 

$\frac{3}{4}$ $\frac{1}{5}$

❿ 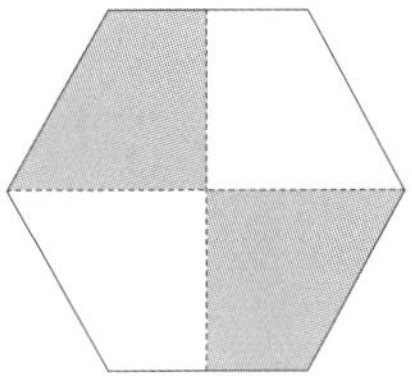

$\frac{2}{4}$ $\frac{2}{3}$

자르는 선

월 일

⑪

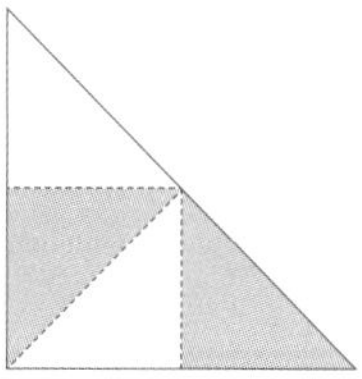

$\frac{2}{4}$ $\frac{3}{4}$

⑫

$\frac{2}{3}$ $\frac{2}{4}$

⑬

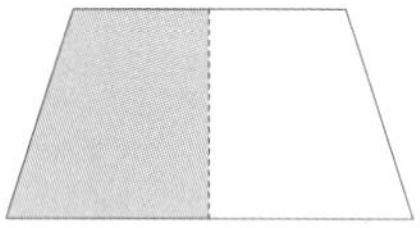

$\frac{1}{3}$ $\frac{1}{2}$

⑭

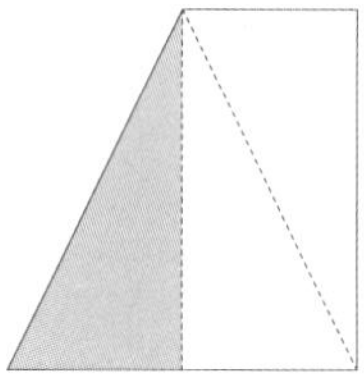

$\frac{1}{2}$ $\frac{1}{3}$

⑮

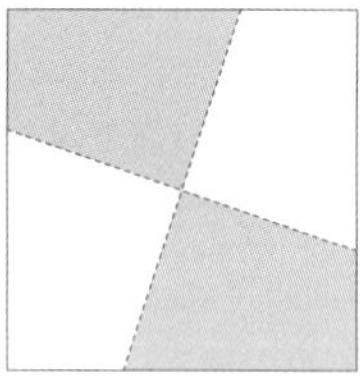

$\frac{2}{4}$ $\frac{2}{3}$

⑯

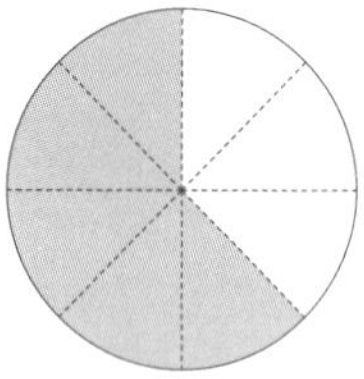

$\frac{5}{8}$ $\frac{5}{9}$

⑰

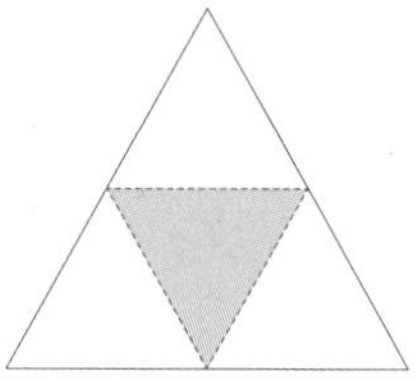

$\frac{1}{4}$ $\frac{1}{6}$

⑱

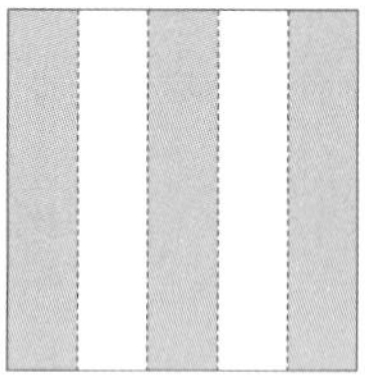

$\frac{3}{6}$ $\frac{3}{5}$

⑲

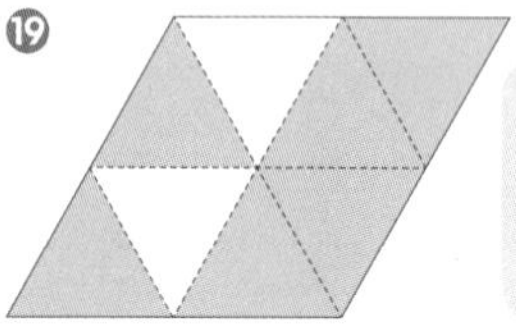

$\frac{6}{8}$ $\frac{6}{7}$

⑳

$\frac{4}{6}$ $\frac{4}{5}$

자르는 선

3주 분수의 크기 비교 (1)

❶ $\frac{3}{8}$
큰 수
$\frac{1}{8}$ $\frac{3}{8}$

❷
큰 수
$\frac{5}{7}$ $\frac{2}{7}$

❸
큰 수
$\frac{6}{9}$ $\frac{8}{9}$

❹
큰 수
$\frac{4}{5}$ $\frac{3}{5}$

❺
큰 수
$\frac{7}{10}$ $\frac{2}{10}$

❻
큰 수
$\frac{2}{4}$ $\frac{3}{4}$

❼
큰 수
$\frac{5}{6}$ $\frac{4}{6}$

❽
큰 수
$\frac{6}{8}$ $\frac{7}{8}$

❾
큰 수
$\frac{1}{2}$ $\frac{1}{3}$

❿
큰 수
$\frac{1}{5}$ $\frac{1}{8}$

⓫
큰 수
$\frac{1}{9}$ $\frac{1}{4}$

⓬
큰 수
$\frac{1}{10}$ $\frac{1}{6}$

자르는 선

월 일

⑬ $\frac{1}{3}$ $\frac{2}{3}$ 작은 수

⑭ $\frac{3}{7}$ $\frac{5}{7}$ 작은 수

⑮ $\frac{9}{11}$ $\frac{6}{11}$ 작은 수

⑯ $\frac{3}{8}$ $\frac{4}{8}$ 작은 수

⑰ $\frac{2}{9}$ $\frac{3}{9}$ 작은 수

⑱ $\frac{3}{4}$ $\frac{2}{4}$ 작은 수

⑲ $\frac{4}{6}$ $\frac{5}{6}$ 작은 수

⑳ $\frac{2}{5}$ $\frac{3}{5}$ 작은 수

㉑ $\frac{1}{8}$ $\frac{1}{3}$ 작은 수

㉒ $\frac{1}{5}$ $\frac{1}{12}$ 작은 수

㉓ $\frac{1}{2}$ $\frac{1}{7}$ 작은 수

㉔ $\frac{1}{9}$ $\frac{1}{6}$ 작은 수

자르는 선

4주 분수의 크기 비교 (2)

❶ $\frac{1}{2}$ ○ $\frac{5}{8}$

❷ $\frac{1}{2}$ ○ $\frac{1}{7}$

❸ $\frac{1}{2}$ ○ $\frac{3}{5}$

❹ $\frac{1}{2}$ ○ $\frac{2}{5}$

❺ $\frac{1}{2}$ ○ $\frac{3}{4}$

❻ $\frac{1}{2}$ ○ $\frac{3}{8}$

❼ $\frac{1}{2}$ ○ $\frac{1}{9}$

❽ $\frac{1}{2}$ ○ $\frac{1}{6}$

❾ $\frac{1}{2}$ ○ $\frac{6}{7}$

❿ $\frac{1}{2}$ ○ $\frac{4}{6}$

⓫ $\frac{1}{2}$ ○ $\frac{2}{4}$

⓬ $\frac{1}{2}$ ○ $\frac{2}{3}$

⓭ $\frac{1}{2}$ ○ $\frac{5}{9}$

⓮ $\frac{1}{2}$ ○ $\frac{2}{6}$

⓯ $\frac{1}{2}$ ○ $\frac{2}{8}$

⓰ $\frac{1}{2}$ ○ $\frac{3}{10}$

⓱ $\frac{1}{2}$ ○ $\frac{5}{6}$

⓲ $\frac{1}{2}$ ○ $\frac{4}{7}$

⓳ $\frac{1}{2}$ ○ $\frac{3}{6}$

⓴ $\frac{1}{2}$ ○ $\frac{1}{4}$

㉑ $\frac{1}{2}$ ○ $\frac{4}{5}$

자르는 선

4주 분수의 크기 비교 (2)

월 일

㉒ $\frac{1}{2}$ ○ $\frac{3}{4}$　　㉓ $\frac{1}{8}$ ○ $\frac{1}{2}$　　㉔ $\frac{1}{2}$ ○ $\frac{6}{9}$

㉕ $\frac{2}{3}$ ○ $\frac{1}{2}$　　㉖ $\frac{1}{2}$ ○ $\frac{4}{10}$　　㉗ $\frac{1}{2}$ ○ $\frac{5}{7}$

㉘ $\frac{5}{6}$ ○ $\frac{1}{2}$　　㉙ $\frac{1}{2}$ ○ $\frac{3}{4}$　　㉚ $\frac{3}{9}$ ○ $\frac{1}{2}$

㉛ $\frac{1}{2}$ ○ $\frac{8}{11}$　　㉜ $\frac{7}{9}$ ○ $\frac{1}{2}$　　㉝ $\frac{1}{2}$ ○ $\frac{1}{5}$

㉞ $\frac{4}{8}$ ○ $\frac{1}{2}$　　㉟ $\frac{1}{2}$ ○ $\frac{2}{5}$　　㊱ $\frac{6}{8}$ ○ $\frac{1}{2}$

㊲ $\frac{1}{2}$ ○ $\frac{9}{12}$　　㊳ $\frac{1}{3}$ ○ $\frac{1}{2}$　　㊴ $\frac{1}{2}$ ○ $\frac{8}{9}$

㊵ $\frac{1}{2}$ ○ $\frac{2}{7}$　　㊶ $\frac{7}{8}$ ○ $\frac{1}{2}$　　㊷ $\frac{2}{6}$ ○ $\frac{1}{2}$

자르는 선

5주 조건과 분수

❶ 분자가 3인 수

$\frac{3}{8}$ $\frac{5}{7}$ $\frac{1}{3}$ $\frac{3}{6}$ $\frac{2}{7}$

❷ 분모가 5인 수

$\frac{2}{4}$ $\frac{1}{5}$ $\frac{2}{5}$ $\frac{3}{4}$ $\frac{4}{6}$

❸ 분자가 2인 수

$\frac{1}{6}$ $\frac{2}{9}$ $\frac{3}{9}$ $\frac{1}{2}$ $\frac{2}{4}$

❹ 분모가 8인 수

$\frac{3}{8}$ $\frac{4}{5}$ $\frac{8}{9}$ $\frac{6}{8}$ $\frac{1}{5}$

❺ 분자와 분모의 합이 7

$\frac{7}{8}$ $\frac{3}{6}$ $\frac{2}{5}$ $\frac{1}{6}$ $\frac{4}{7}$

❻ 분자와 분모의 합이 8

$\frac{8}{9}$ $\frac{1}{5}$ $\frac{3}{5}$ $\frac{1}{8}$ $\frac{2}{6}$

❼ 분자와 분모의 합이 10

$\frac{2}{8}$ $\frac{1}{9}$ $\frac{3}{6}$ $\frac{3}{10}$ $\frac{4}{7}$

❽ 분자와 분모의 합이 12

$\frac{5}{9}$ $\frac{5}{7}$ $\frac{1}{12}$ $\frac{4}{8}$ $\frac{13}{10}$

자르는 선

월 일

❾ 분모에서 분자를 빼면 2

$\frac{3}{6}$ $\frac{1}{4}$ $\frac{2}{5}$ $\frac{3}{5}$ $\frac{6}{8}$

❿ 분모에서 분자를 빼면 4

$\frac{3}{7}$ $\frac{5}{8}$ $\frac{5}{9}$ $\frac{1}{4}$ $\frac{4}{5}$

⓫ 분모에서 분자를 빼면 1

$\frac{1}{2}$ $\frac{1}{3}$ $\frac{5}{7}$ $\frac{2}{3}$ $\frac{1}{4}$

⓬ 분모에서 분자를 빼면 5

$\frac{4}{8}$ $\frac{2}{7}$ $\frac{5}{6}$ $\frac{5}{8}$ $\frac{1}{6}$

⓭ $\frac{3}{8}$보다 큰 수

$\frac{1}{8}$ $\frac{4}{8}$ $\frac{3}{9}$ $\frac{2}{8}$ $\frac{3}{4}$

⓮ $\frac{4}{7}$보다 큰 수

$\frac{2}{7}$ $\frac{4}{9}$ $\frac{5}{7}$ $\frac{4}{5}$ $\frac{4}{8}$

⓯ $\frac{3}{7}$보다 작은 수

$\frac{3}{4}$ $\frac{6}{7}$ $\frac{3}{8}$ $\frac{1}{7}$ $\frac{5}{7}$

⓰ $\frac{5}{9}$보다 작은 수

$\frac{2}{9}$ $\frac{5}{10}$ $\frac{5}{8}$ $\frac{8}{9}$ $\frac{5}{6}$

자르는 선

6주 소수

❶

분수	소수
$\frac{1}{10}$	0.1

❷

분수	소수
$\frac{3}{10}$	

❸

분수	소수
$\frac{6}{10}$	

❹

분수	소수
$\frac{5}{10}$	

❺

분수	소수
$\frac{2}{10}$	

❻

분수	소수
$\frac{4}{10}$	

❼

분수	소수
$\frac{9}{10}$	

❽

분수	소수
$\frac{7}{10}$	

❾

분수	소수
$\frac{5}{10}$	

❿

분수	소수
$\frac{8}{10}$	

⓫

분수	소수
$\frac{4}{10}$	

⓬

분수	소수
$\frac{1}{10}$	

⓭

분수	소수
$\frac{2}{10}$	

⓮

분수	소수
$\frac{3}{10}$	

⓯

분수	소수
$\frac{7}{10}$	

자르는 선

월 일

⑯

소수	분수
0.7	$\frac{7}{10}$

⑰

소수	분수
0.6	

⑱

소수	분수
0.1	

⑲

소수	분수
0.4	

⑳

소수	분수
0.2	

㉑

소수	분수
0.7	

㉒

소수	분수
0.6	

㉓

소수	분수
0.4	

㉔

소수	분수
0.8	

㉕

소수	분수
0.7	

㉖

소수	분수
0.5	

㉗

소수	분수
0.3	

㉘

소수	분수
0.2	

㉙

소수	분수
0.1	

㉚

소수	분수
0.9	

자르는 선

7주 소수의 크기 비교

❶ 0.7 (<) 0.8	❷ 0.9 ( ) 0.1	❸ 0.9 ( ) 0.2
❹ 0.3 ( ) 0.2	❺ 0.4 ( ) 0.7	❻ 0.6 ( ) 0.3
❼ 0.4 ( ) 0.5	❽ 0.2 ( ) 0.2	❾ 0.7 ( ) 0.8
❿ 0.9 ( ) 0.6	⓫ 0.4 ( ) 0.3	⓬ 0.1 ( ) 0.5
⓭ 0.2 ( ) 3.2	⓮ 0.6 ( ) 1.6	⓯ 4.8 ( ) 0.9
⓰ 3.1 ( ) 0.5	⓱ 0.7 ( ) 2.1	⓲ 1.4 ( ) 1.4
⓳ 0.3 ( ) 5.8	⓴ 1.9 ( ) 0.5	㉑ 0.6 ( ) 8.2
㉒ 2.4 ( ) 2.4	㉓ 3.6 ( ) 0.8	㉔ 4.2 ( ) 0.2

자르는 선

월 일

㉕ 6.1 ○ 6.1	㉖ 8.4 ○ 8.8	㉗ 7.2 ○ 6.5
㉘ 5.2 ○ 4.6	㉙ 3.8 ○ 3.9	㉚ 2.6 ○ 2.2
㉛ 6.5 ○ 8.4	㉜ 7.5 ○ 5.4	㉝ 1.1 ○ 1.9
㉞ 4.9 ○ 4.3	㉟ 9.1 ○ 9.7	㊱ 8.2 ○ 7.4
㊲ 8.7 ○ 7.5	㊳ 3.2 ○ 1.8	㊴ 9.2 ○ 9.2
㊵ 5.3 ○ 5.7	㊶ 0.8 ○ 4.1	㊷ 0.6 ○ 7.2
㊸ 2.8 ○ 2.1	㊹ 6.5 ○ 3.4	㊺ 4.8 ○ 4.8
㊻ 9.3 ○ 9.9	㊼ 1.4 ○ 1.3	㊽ 2.6 ○ 5.6

자르는 선

8주 문해결 소수

❶ 민서의 50m 달리기 기록은 8.9초이고, 현아의 기록은 9.5초입니다. 더 빨리 달린 사람은 누구입니까?

❷ 승민이네 반 친구들은 미술 시간에 철사를 사용하였습니다. 승민이는 1.8cm, 지연이는 16mm, 태돌이는 2.9cm를 사용하였다면 철사를 가장 적게 사용한 사람은 누구입니까?

❸ 가연이네 강아지 몸무게는 5.2kg이고, 고양이의 몸무게는 3.8kg입니다. 강아지와 고양이 중 더 무거운 동물은 무엇입니까?

❹ 우유 0.8L와 주스 1.2L 중 양이 더 많은 것은 어느 것입니까?

❺ 어머니는 마트에서 돼지고기 0.6kg과 소고기 0.8kg을 사오셨습니다. 어머니가 더 적게 산 것은 어느 것입니까?

❻ 하제와 다예가 철봉에 오래 매달리기를 하고 있습니다. 하제는 9.2초, 다예는 8.8초 동안 매달렸다면 누가 더 오래 매달린 것입니까?

자르는 선

❼ 같은 날 서울에 내린 비의 양은 21mm, 제주에 내린 비의 양은 1.5cm, 춘천에 내린 비의 양은 38mm라고 합니다. 비가 가장 적게 온 지역은 어디입니까?

❽ 찬규는 석달 동안 몸무게가 1kg 늘었고, 하랑이는 0.8kg, 지오는 1.2kg이 늘었습니다. 몸무게가 가장 적게 늘어난 사람은 누구입니까?

❾ 호림이가 가지고 있는 크레파스의 길이를 재어 보았습니다. 빨간색 크레파스는 8.7cm, 노란색 크레파스는 6.1cm, 파란색 크레파스는 5.5cm였습니다. 길이가 가장 짧은 크레파스는 무슨 색입니까?

❿ 지오의 키는 1.4m이고, 태경이의 키는 1.5m입니다. 키가 더 큰 사람은 누구입니까?

⓫ 우용이와 범상이는 도서관에서 책을 읽었습니다. 우용이는 2.3시간 동안 읽었고, 범상이는 3.1시간 동안 읽었다고 할 때, 책을 더 오래 읽은 사람은 누구입니까?

⓬ 정환이의 책가방 무게는 2.1kg이고, 선화의 책가방 무게는 1.1kg입니다. 누구의 책가방이 더 가볍습니까?

자르는 선

정 답

1주 분수의 기초

1~2쪽

1 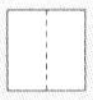 2 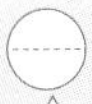 3  4  5  6  7  8  9 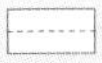

10  11  12 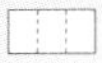 13  14  15  16  17  18 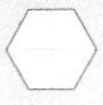

19  20 

2주 분수

3~4쪽

1 $\frac{1}{4}$ 2 $\frac{1}{3}$ 3 $\frac{3}{4}$ 4 $\frac{1}{2}$ 5 $\frac{4}{5}$ 6 $\frac{5}{6}$ 7 $\frac{1}{2}$ 8 $\frac{2}{4}$ 9 $\frac{3}{4}$ 10 $\frac{2}{4}$ 11 $\frac{2}{4}$ 12 $\frac{2}{3}$
13 $\frac{1}{2}$ 14 $\frac{1}{3}$ 15 $\frac{2}{4}$ 16 $\frac{5}{8}$ 17 $\frac{1}{4}$ 18 $\frac{3}{5}$ 19 $\frac{6}{8}$ 20 $\frac{4}{6}$

3주 분수의 크기 비교 (1)

5~6쪽

1 $\frac{3}{8}$ 2 $\frac{5}{7}$ 3 $\frac{8}{9}$ 4 $\frac{4}{5}$ 5 $\frac{7}{10}$ 6 $\frac{3}{4}$ 7 $\frac{5}{6}$ 8 $\frac{7}{8}$ 9 $\frac{1}{2}$ 10 $\frac{1}{5}$ 11 $\frac{1}{4}$ 12 $\frac{1}{6}$
13 $\frac{1}{3}$ 14 $\frac{3}{7}$ 15 $\frac{6}{11}$ 16 $\frac{3}{8}$ 17 $\frac{2}{9}$ 18 $\frac{2}{4}$ 19 $\frac{4}{6}$ 20 $\frac{2}{5}$ 21 $\frac{1}{8}$ 22 $\frac{1}{12}$ 23 $\frac{1}{7}$ 24 $\frac{1}{9}$

4주 분수의 크기 비교 (2)

7~8쪽

1 $<$ 2 $>$ 3 $<$ 4 $>$ 5 $<$ 6 $>$ 7 $>$ 8 $>$ 9 $<$ 10 $<$ 11 $=$ 12 $<$
13 $<$ 14 $>$ 15 $>$ 16 $>$ 17 $<$ 18 $<$ 19 $=$ 20 $>$ 21 $<$ 22 $<$ 23 $<$ 24 $<$
25 $>$ 26 $>$ 27 $<$ 28 $>$ 29 $<$ 30 $<$ 31 $<$ 32 $>$ 33 $>$ 34 $=$ 35 $>$ 36 $>$
37 $<$ 38 $<$ 39 $<$ 40 $>$ 41 $>$ 42 $<$

5주 조건과 분수

9~10쪽

1 $\frac{3}{8}$, $\frac{3}{6}$ 2 $\frac{1}{5}$, $\frac{2}{5}$ 3 $\frac{2}{9}$, $\frac{2}{4}$ 4 $\frac{3}{8}$, $\frac{6}{8}$ 5 $\frac{2}{5}$, $\frac{1}{6}$ 6 $\frac{3}{5}$, $\frac{2}{6}$
7 $\frac{2}{8}$, $\frac{1}{9}$ 8 $\frac{5}{7}$, $\frac{4}{8}$ 9 $\frac{3}{5}$, $\frac{6}{8}$ 10 $\frac{3}{7}$, $\frac{5}{9}$ 11 $\frac{1}{2}$, $\frac{2}{3}$ 12 $\frac{2}{7}$, $\frac{1}{6}$
13 $\frac{4}{8}$, $\frac{3}{4}$ 14 $\frac{5}{7}$, $\frac{4}{5}$ 15 $\frac{3}{8}$, $\frac{1}{7}$ 16 $\frac{2}{9}$, $\frac{5}{10}$

6주 소수

11~12쪽

1 0.1 2 0.3 3 0.6 4 0.5 5 0.2 6 0.4 7 0.9 8 0.7 9 0.5 10 0.8 11 0.4 12 0.1
13 0.2 14 0.3 15 0.7 16 $\frac{7}{10}$ 17 $\frac{6}{10}$ 18 $\frac{1}{10}$ 19 $\frac{4}{10}$ 20 $\frac{2}{10}$ 21 $\frac{7}{10}$ 22 $\frac{6}{10}$ 23 $\frac{4}{10}$ 24 $\frac{8}{10}$
25 $\frac{7}{10}$ 26 $\frac{5}{10}$ 27 $\frac{3}{10}$ 28 $\frac{2}{10}$ 29 $\frac{1}{10}$ 30 $\frac{9}{10}$

7주 소수의 크기 비교

13~14쪽

1 $<$ 2 $>$ 3 $>$ 4 $>$ 5 $<$ 6 $>$ 7 $<$ 8 $=$ 9 $<$ 10 $>$ 11 $>$ 12 $<$
13 $<$ 14 $<$ 15 $>$ 16 $>$ 17 $<$ 18 $=$ 19 $<$ 20 $>$ 21 $<$ 22 $=$ 23 $>$ 24 $>$
25 $=$ 26 $<$ 27 $>$ 28 $>$ 29 $<$ 30 $>$ 31 $<$ 32 $>$ 33 $<$ 34 $>$ 35 $<$ 36 $>$
37 $>$ 38 $>$ 39 $=$ 40 $<$ 41 $<$ 42 $<$ 43 $>$ 44 $>$ 45 $=$ 46 $<$ 47 $>$ 48 $<$

8주 문해결 소수

15~16쪽

1 민서 2 지연 3 강아지 4 주스 5 돼지고기 6 하제 7 제주 8 하랑 9 파란색
10 태경 11 범상 12 선화

사고셈

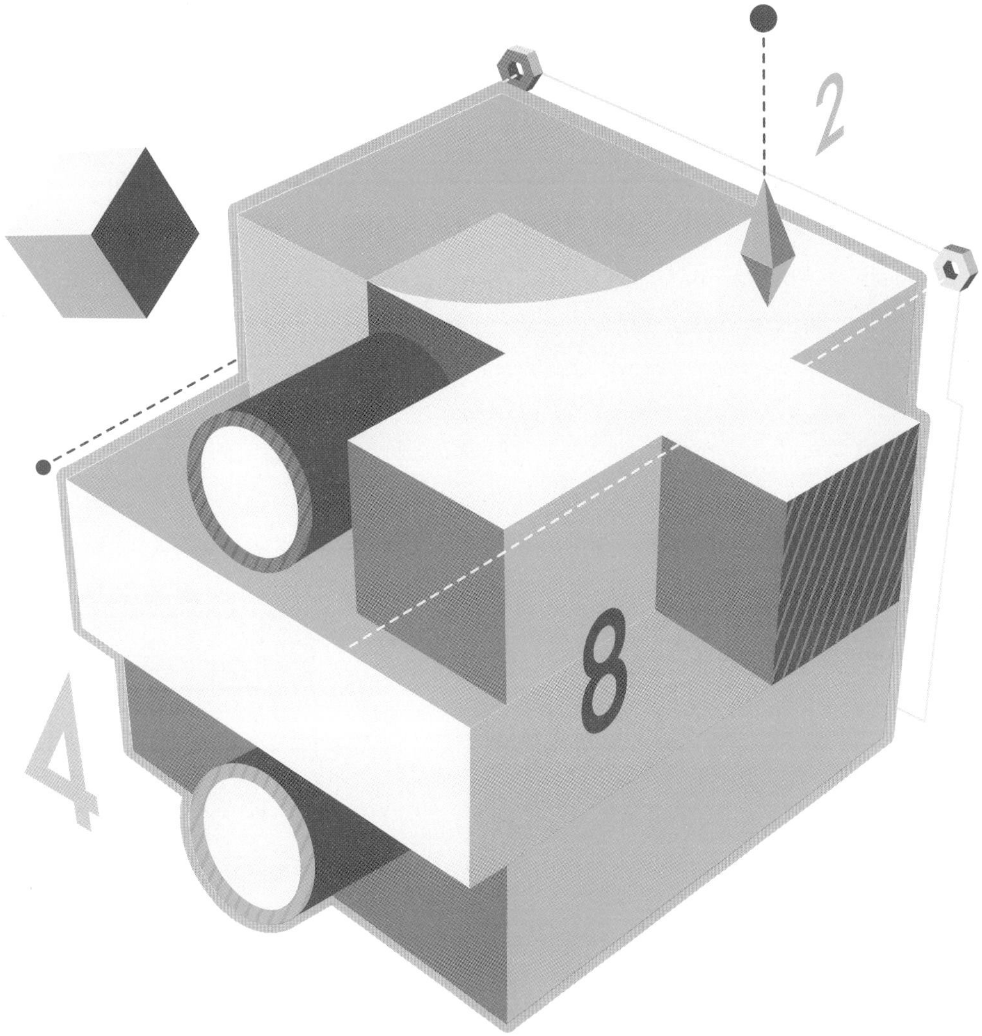

초등3 2호

이 책의 구성과 특징

생각의 힘을 키우는 사고(思考)셈은 1주 4개, 8주 32개의 사고력 유형 학습을 통해 수와 연산에 대한 개념의 응용력(추론 및 문제해결능력)을 키울 수 있도록 하였습니다.

사고력 연산

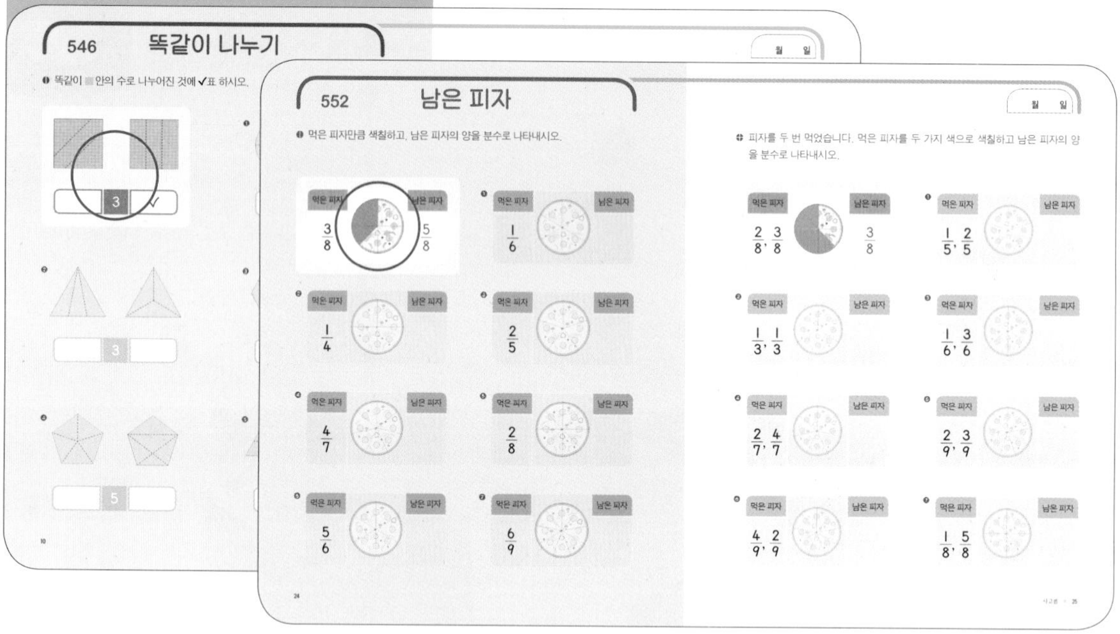
546 똑같이 나누기

❶ 똑같이 ▢ 안의 수로 나누어진 것에 ✓표 하시오.

552 남은 피자

❶ 먹은 피자만큼 색칠하고, 남은 피자의 양을 분수로 나타내시오.

먹은 피자	남은 피자
$\frac{3}{8}$	$\frac{5}{8}$
$\frac{1}{6}$	
$\frac{1}{4}$	
$\frac{2}{5}$	
$\frac{4}{7}$	
$\frac{2}{8}$	
$\frac{5}{6}$	
$\frac{6}{9}$	

❷ 피자를 두 번 먹었습니다. 먹은 피자를 두 가지 색으로 색칠하고 남은 피자의 양을 분수로 나타내시오.

먹은 피자	남은 피자
$\frac{2}{8}$, $\frac{3}{8}$	$\frac{3}{8}$
$\frac{1}{5}$, $\frac{2}{5}$	
$\frac{1}{3}$, $\frac{1}{3}$	
$\frac{1}{6}$, $\frac{3}{6}$	
$\frac{2}{7}$, $\frac{4}{7}$	
$\frac{2}{9}$, $\frac{3}{9}$	
$\frac{4}{9}$, $\frac{2}{9}$	
$\frac{1}{8}$, $\frac{5}{8}$	

- 대표 사고력 유형으로 연산 원리를 쉽게쉽게
- 1~4일차: 다양한 유형의 주 진도 학습

잘 공부했는지 알아봅시다.

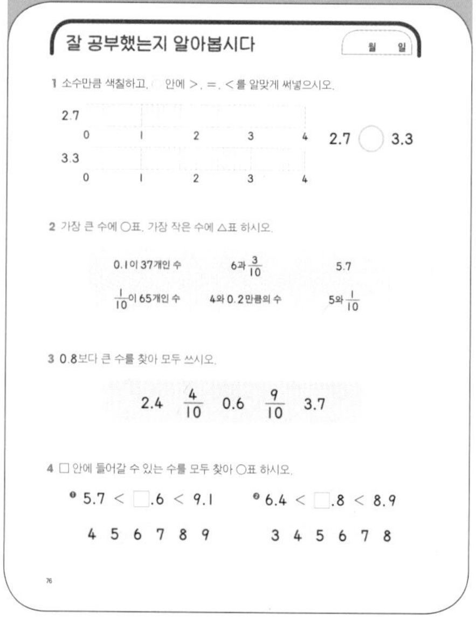
잘 공부했는지 알아봅시다

1 소수만큼 색칠하고, ◯ 안에 >, =, <를 알맞게 써넣으시오.

2.7 ◯ 3.3

2 가장 큰 수에 ○표, 가장 작은 수에 △표 하시오.

0.1이 37개인 수　6과 $\frac{3}{10}$　5.7

$\frac{1}{10}$이 65개인 수　4와 0.2만큼의 수　5와 $\frac{1}{10}$

3 0.8보다 큰 수를 찾아 모두 쓰시오.

2.4　$\frac{4}{10}$　0.6　$\frac{9}{10}$　3.7

4 □ 안에 들어갈 수 있는 수를 모두 찾아 ○표 하시오.

❶ 5.7 < □.6 < 9.1　4 5 6 7 8 9

❷ 6.4 < □.8 < 8.9　3 4 5 6 7 8

- 5일차 점검 학습: 주 진도 학습 확인

권두부록 (기본연산 Check-Book)

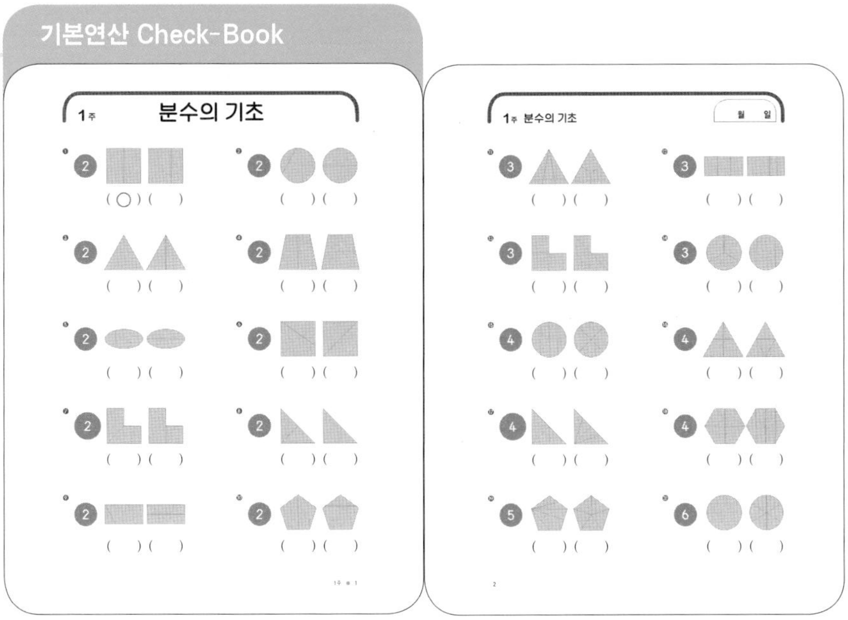

- 본 학습 전 기본연산 실력 진단

권말부록 (G-Book)

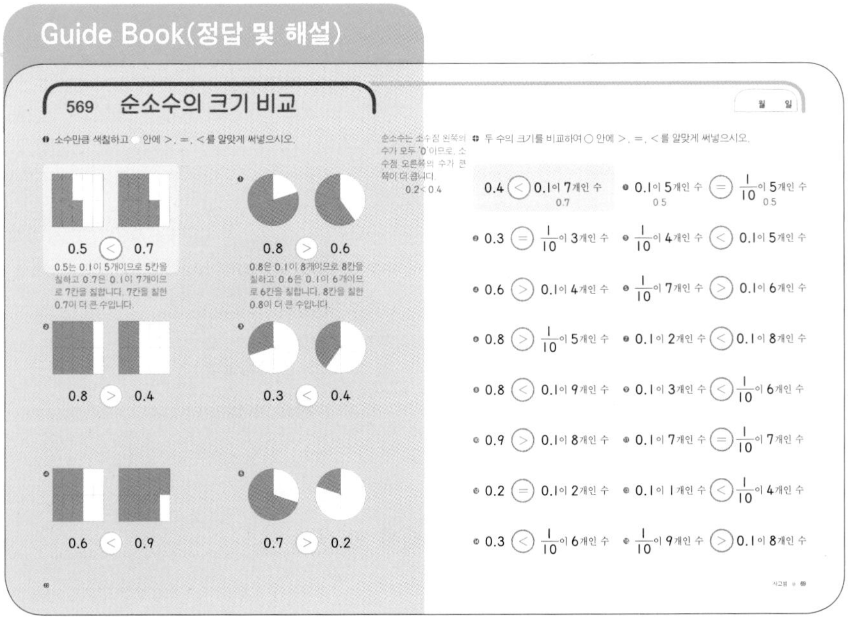

- 문제와 답을 한 눈에!
- 상세한 풀이와 친절한 해설, 답

학습 효과 및 활용법

학습 효과

- 수학적 사고력 향상
- 생각의 다양성 향상
- 스스로 생각을 만드는 직관 학습
- 추론능력, 문제해결력 향상
- 연산의 원리 이해
- 수·연산 영역 완벽 대비
- 다양한 유형으로 수 조작력 향상
- 진도 학습 및 점검 학습으로 연산 학습 완성

사고셈

주차별 활용법

1단계 기본연산 Check-Book으로 준비 학습 → **2단계** 사고력 유형으로 진도 학습 → **3단계** 마무리 문제로 점검 학습

1단계 : 기본연산 Check-Book으로 사고력 연산을 위한 준비 학습을 합니다.

2단계 : 사고력 유형으로 사고력 연산의 진도 학습을 합니다.

3단계 : 한 주마다 점검 학습(잘 공부했는지 알아봅시다)으로 사고력 향상을 확인합니다.

학습 구성

6세

1호	10까지의 수
2호	더하기 빼기 1과 2
3호	합이 9까지인 덧셈
4호	한 자리 수의 뺄셈과 세 수의 계산

7세

1호	한 자리 수의 덧셈과 뺄셈
2호	10 만들기
3호	50까지의 수
4호	더하기 빼기 1과 2, 10과 20

초등 1

1호	덧셈구구
2호	뺄셈구구와 덧셈, 뺄셈 혼합
3호	100까지의 수, 1000까지의 수
4호	받아올림, 받아내림 없는 두 자리 수의 계산

초등 2

1호	두 자리 수와 한 자리 수의 덧셈과 뺄셈
2호	두 자리 수의 덧셈과 뺄셈
3호	곱셈구구
4호	곱셈과 나눗셈 구구

초등 3

1호	세·네 자리 수의 덧셈과 뺄셈5
2호	분수와 소수의 기초
3호	두 자리 수의 곱셈과 나눗셈
4호	분수

초등 4

1호	분수의 덧셈과 뺄셈
2호	혼합 계산
3호	소수의 덧셈과 뺄셈
4호	어림하기

이 책의 학습 로드맵

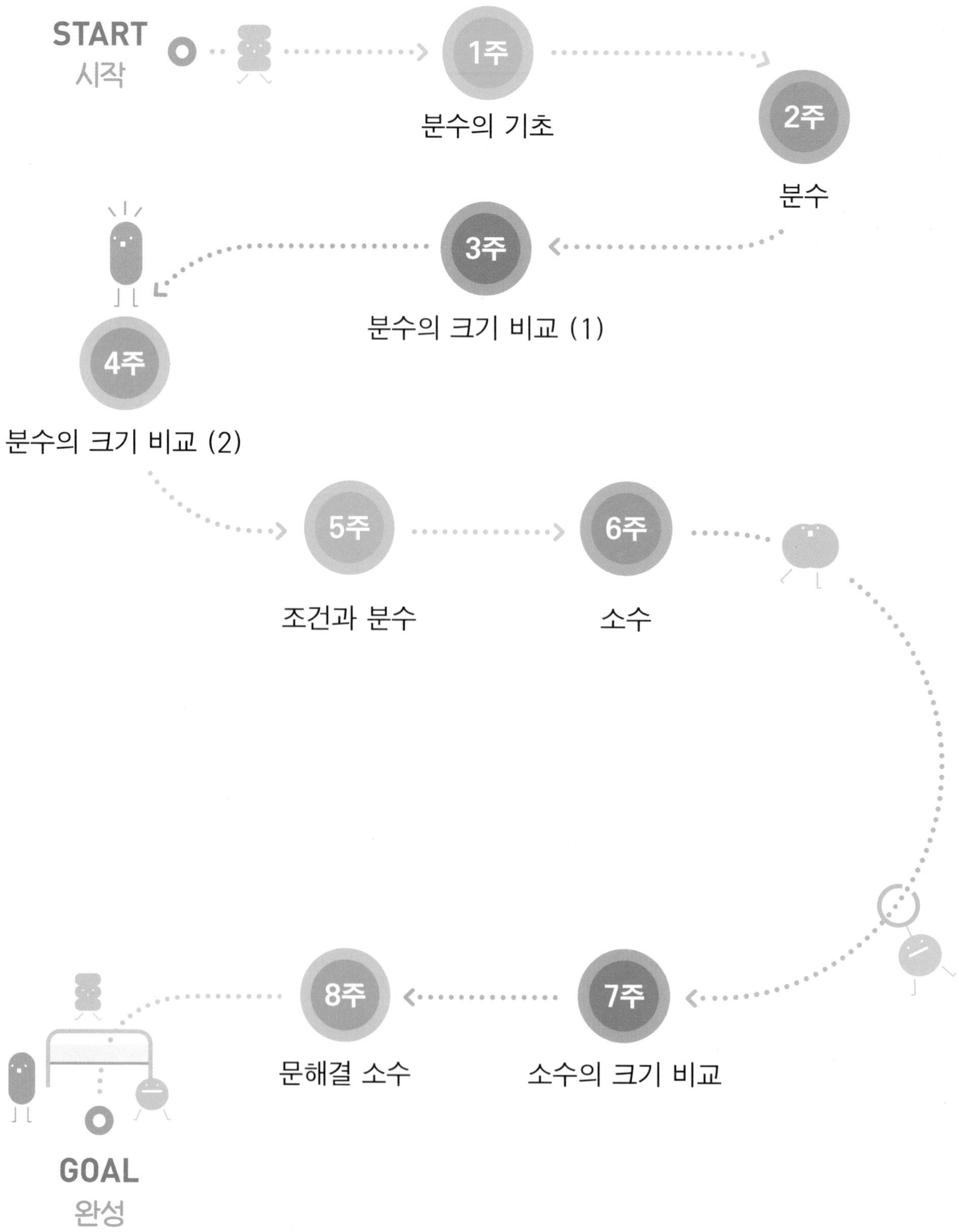
START
시작
1주
분수의 기초
2주
분수
3주
분수의 크기 비교 (1)
4주
분수의 크기 비교 (2)
5주
조건과 분수
6주
소수
7주
소수의 크기 비교
8주
문해결 소수
GOAL
완성

1 분수의 기초

545 똑같이 둘로 나누기

◐ 똑같이 둘로 나누어진 것에 ○표 하시오.

(　　　) (　○　)

❶

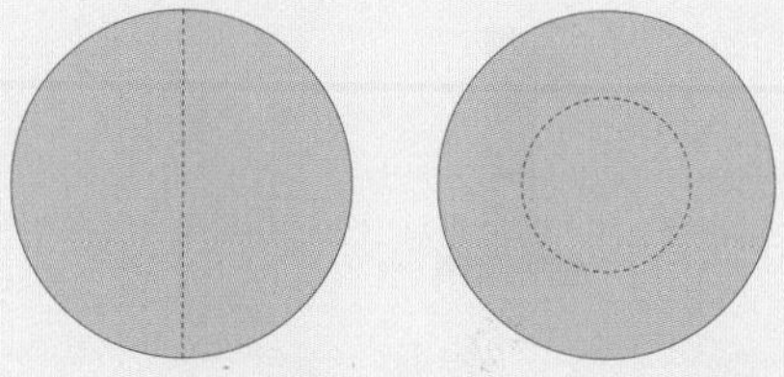

(　　　) (　　　)

❷

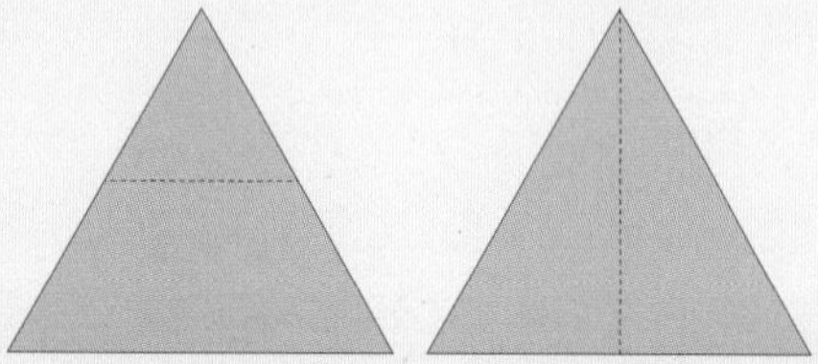

(　　　) (　　　)

❸

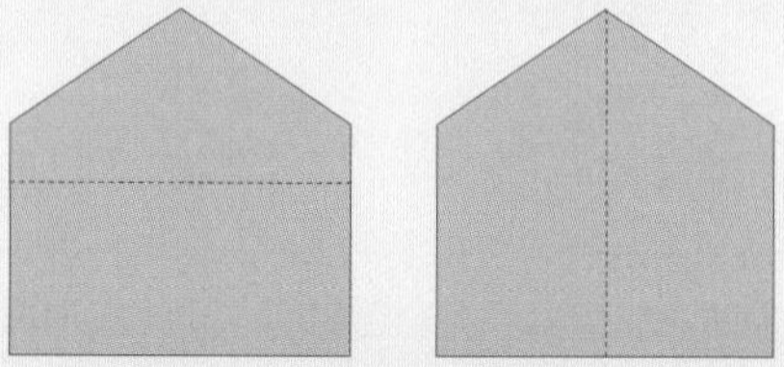

(　　　) (　　　)

❹

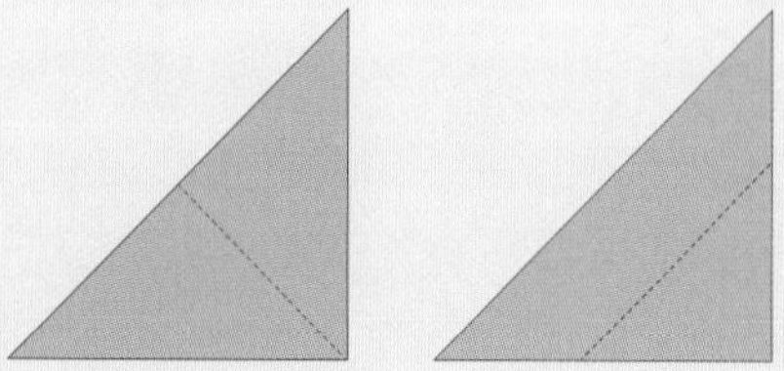

(　　　) (　　　)

❺

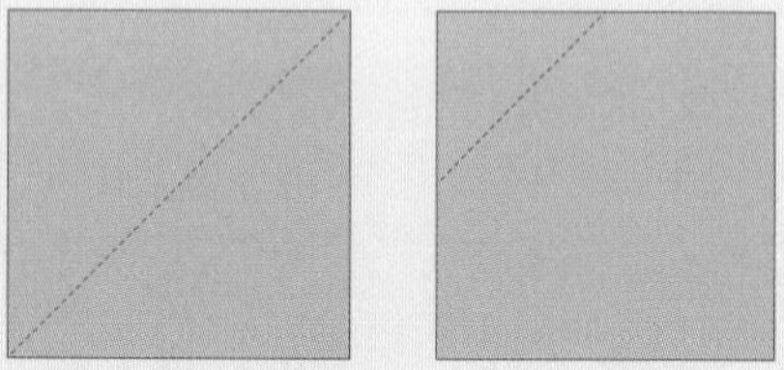

(　　　) (　　　)

❻

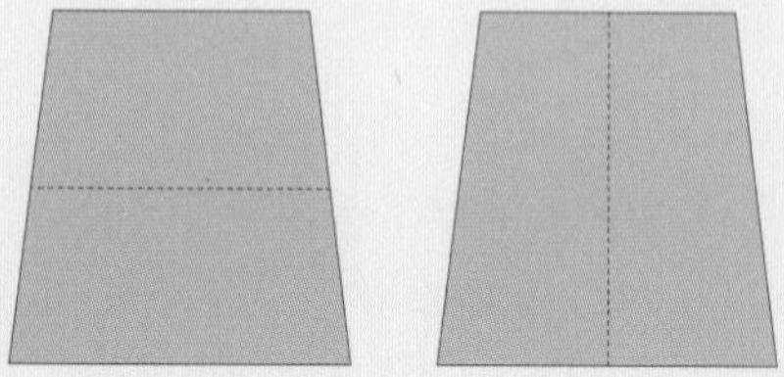

(　　　) (　　　)

❼

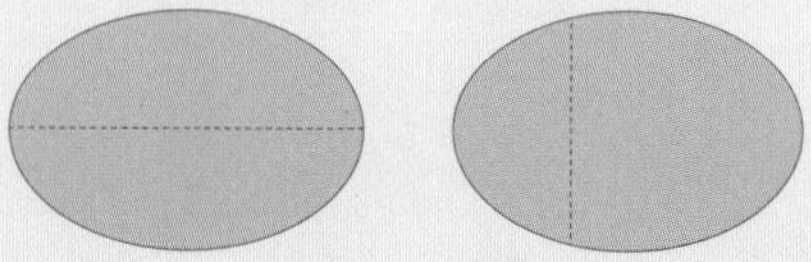

(　　　) (　　　)

◈ 주어진 점에서 시작하여 똑같이 둘로 나누어 보시오.

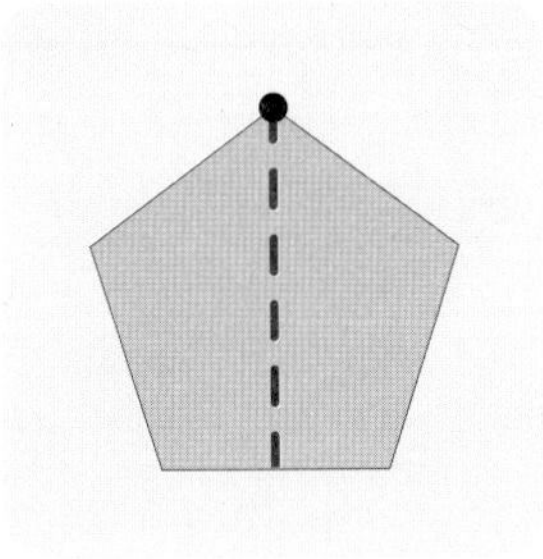

❶

❷

❸

❹

❺

❻

❼

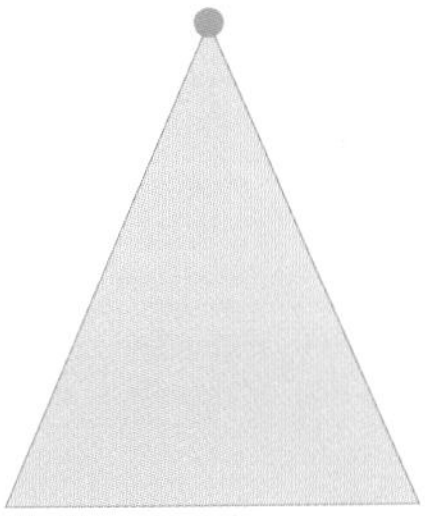

❽

❾

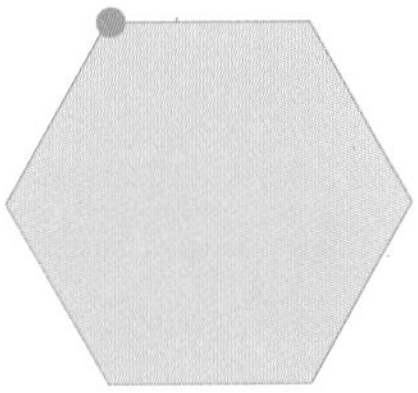

❿

⓫

546 똑같이 나누기

◐ 똑같이 ■ 안의 수로 나누어진 것에 ✓표 하시오.

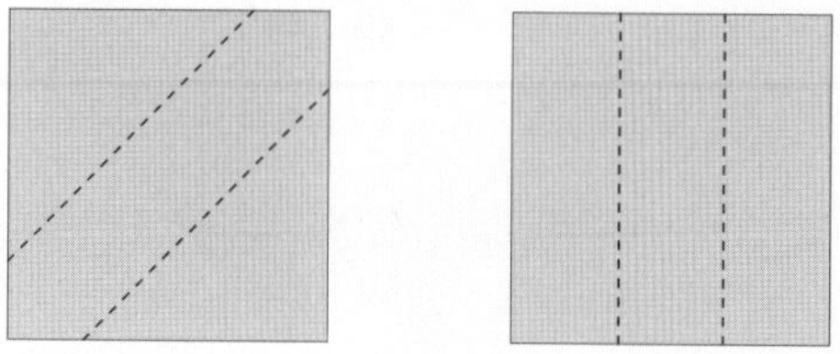

	3	✓

❶

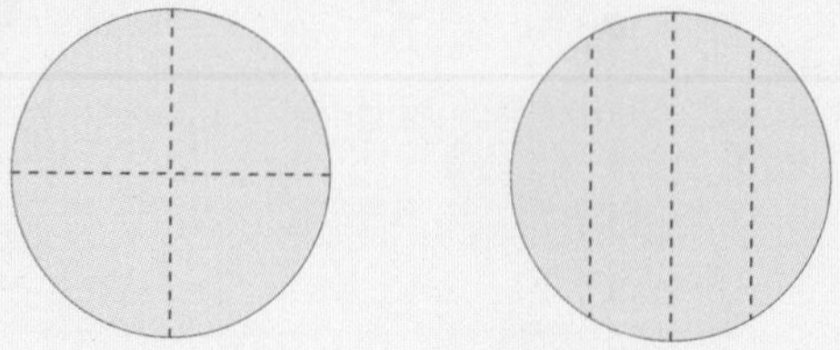

	4	

❷

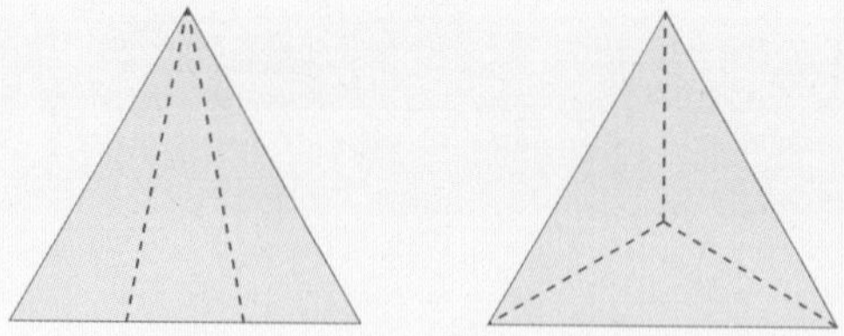

	3	

❸

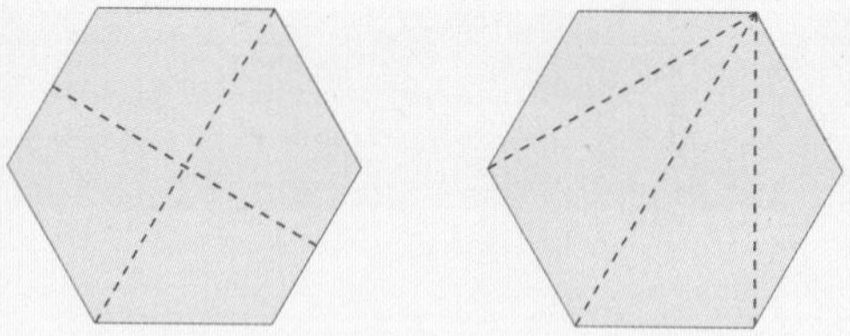

	4	

❹

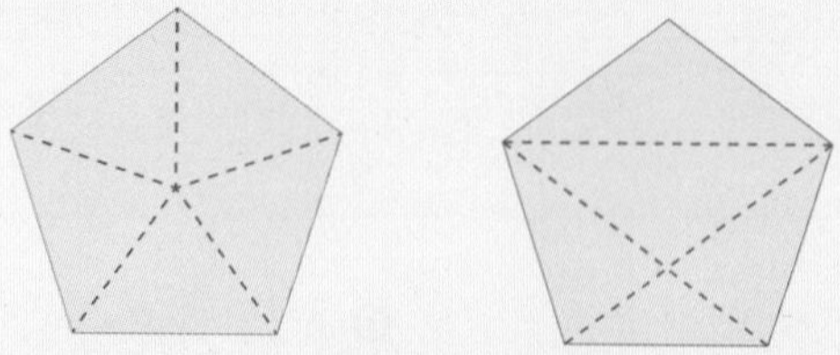

	5	

❺

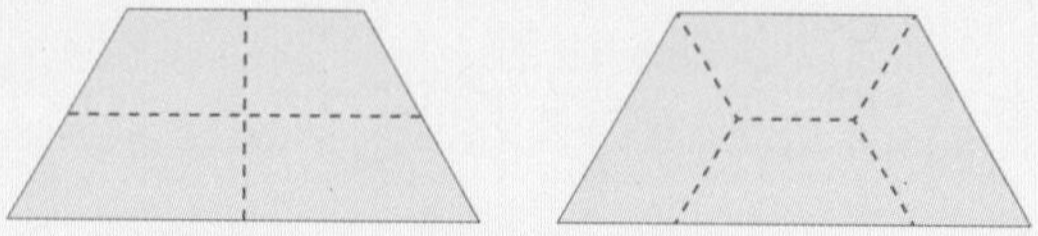

	4	

점을 이어 ● 안의 수만큼 똑같이 나누어 보시오.

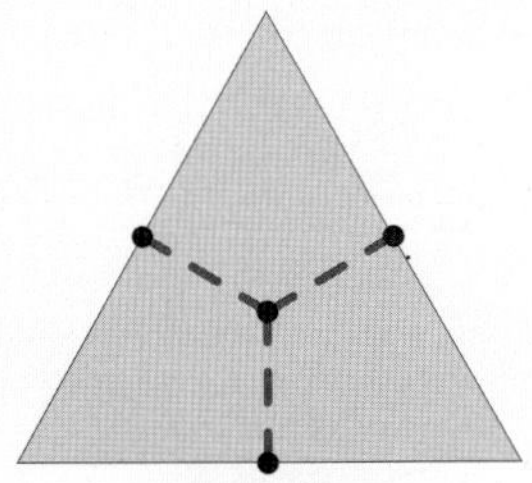

3

❶

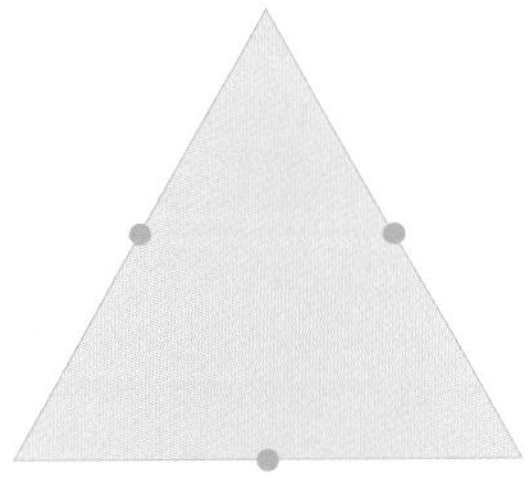

4

❷

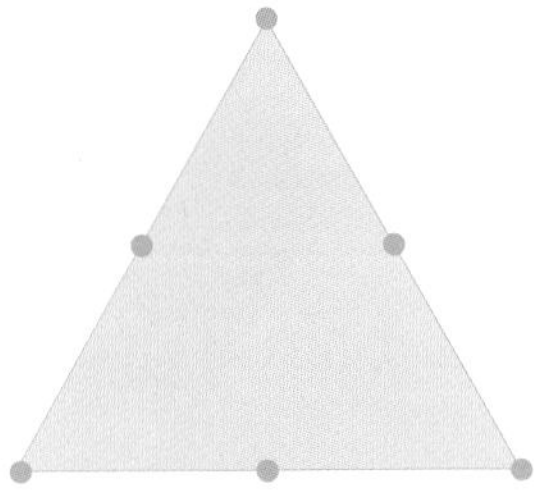

6

❸

2

❹

4

❺

8

❻

3

❼

4

❽

8

547 색칠한 부분

◐ 알맞게 색칠하시오.

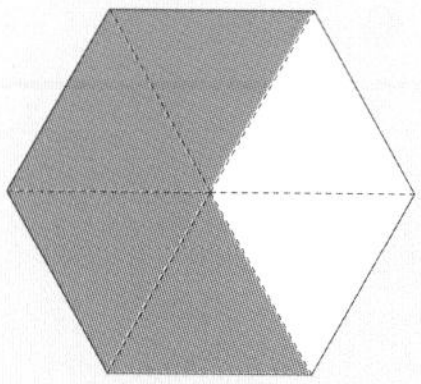

전체를 똑같이 6으로
나눈 것 중의 4

❶

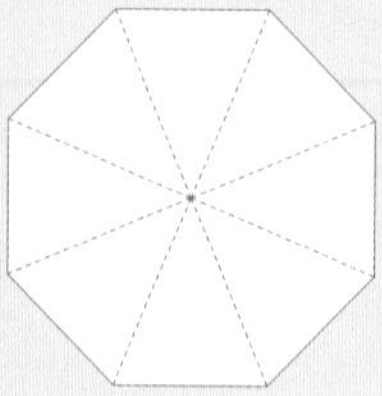

전체를 똑같이 8로
나눈 것 중의 3

❷

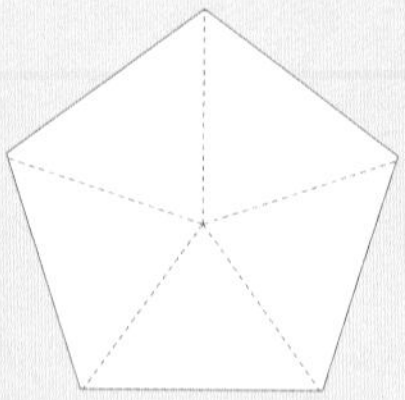

전체를 똑같이 5로
나눈 것 중의 2

❸

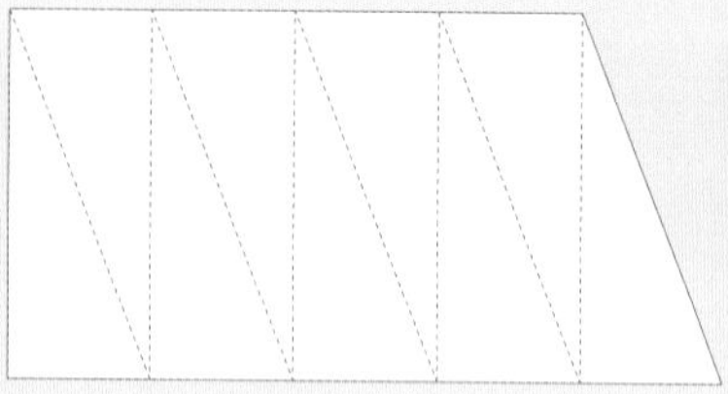

전체를 똑같이 9로
나눈 것 중의 3

❹

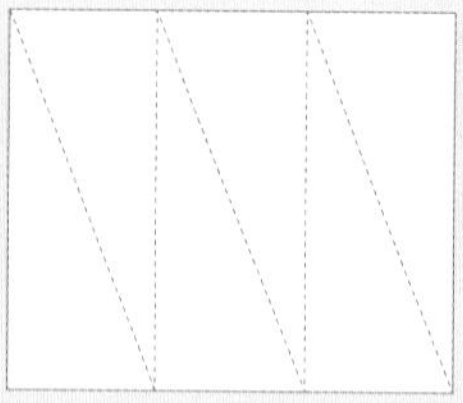

전체를 똑같이 6으로
나눈 것 중의 5

❺

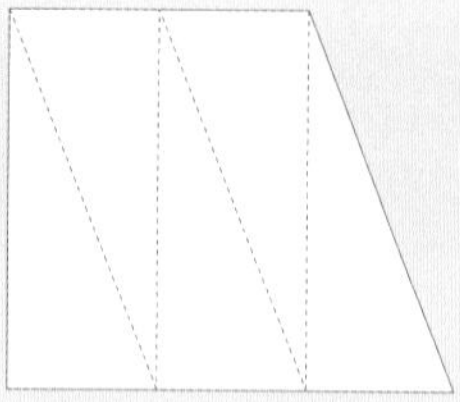

전체를 똑같이 5로
나눈 것 중의 1

❻

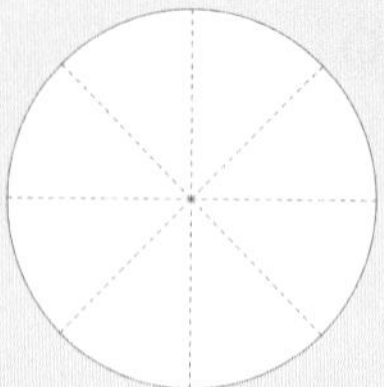

전체를 똑같이 8로
나눈 것 중의 5

❼

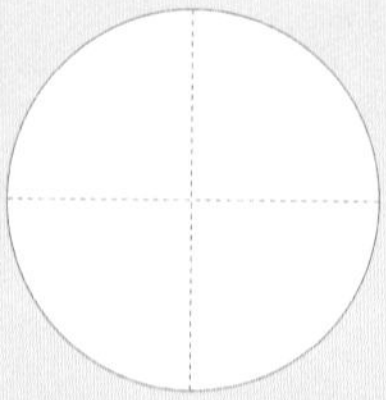

전체를 똑같이 4로
나눈 것 중의 3

❽

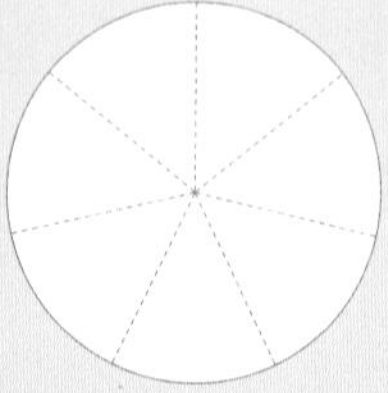

전체를 똑같이 7로
나눈 것 중의 4

✚ 그림을 보고 빈칸에 알맞은 수를 써넣으시오.

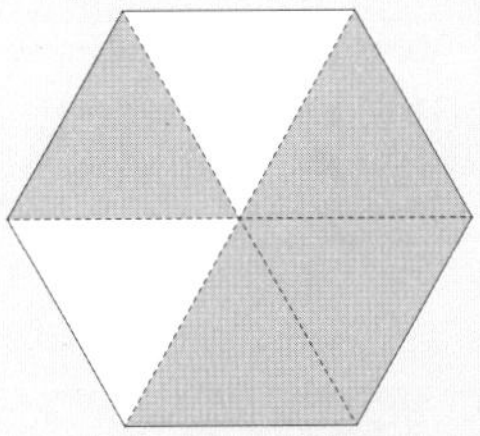

색칠된 부분은 전체를 똑같이 6 으로 나눈 것 중의 4 입니다.

❶

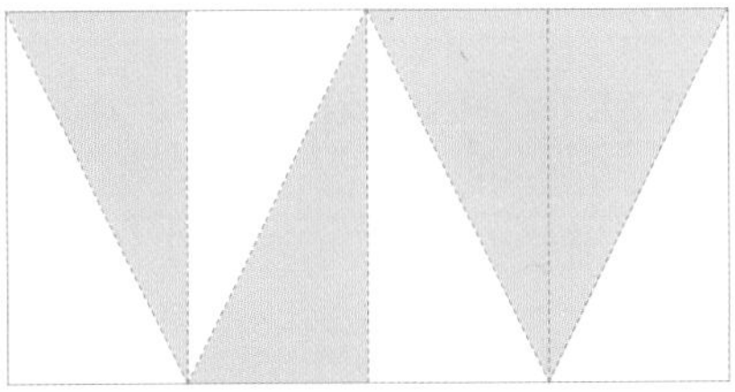

색칠된 부분은 전체를 똑같이 □ 로 나눈 것 중의 □ 입니다.

❷

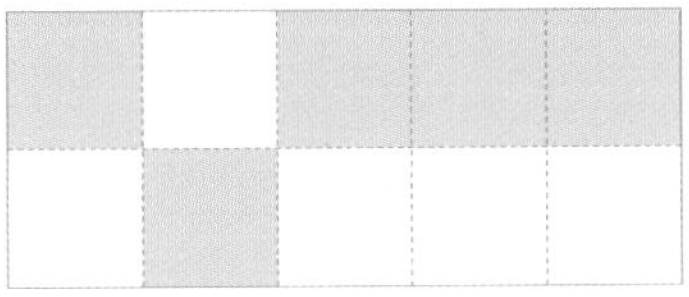

색칠된 부분은 전체를 똑같이 □ 으로 나눈 것 중의 □ 입니다.

❸

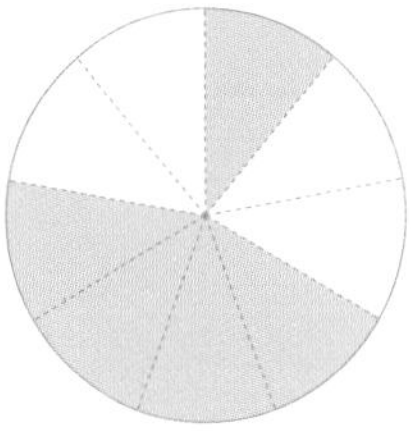

색칠된 부분은 전체를 똑같이 □ 로 나눈 것 중의 □ 입니다.

❹

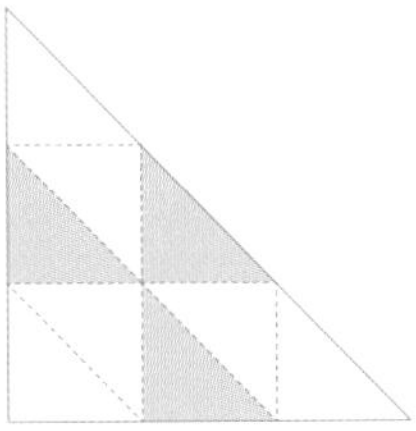

색칠된 부분은 전체를 똑같이 □ 로 나눈 것 중의 □ 입니다.

❺

색칠된 부분은 전체를 똑같이 □ 로 나눈 것 중의 □ 입니다.

548 전체와 부분

◐ 그림을 보고 빈칸에 알맞은 수를 써넣으시오.

부분  은 전체 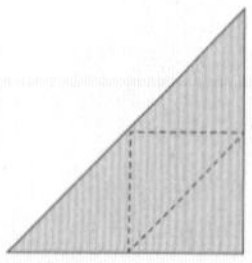 를 똑같이 4 로 나눈 것 중의 2 입니다.

❶ 부분 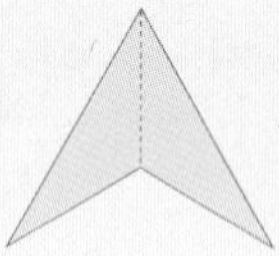 은 전체 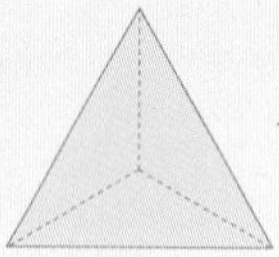 를 똑같이 ☐ 으로 나눈 것 중의 ☐ 입니다.

❷ 부분 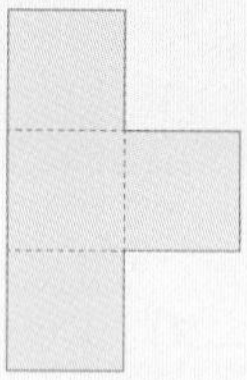 은 전체 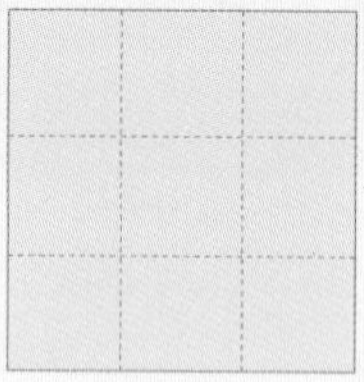 를 똑같이 ☐ 로 나눈 것 중의 ☐ 입니다.

❸ 부분 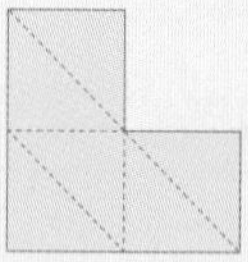 은 전체 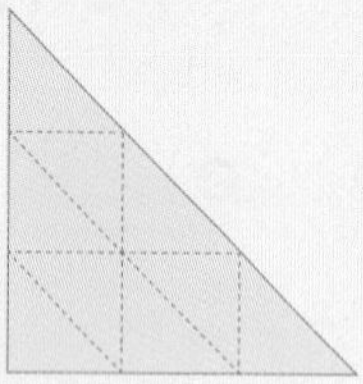 를 똑같이 ☐ 로 나눈 것 중의 ☐ 입니다.

❹ 부분 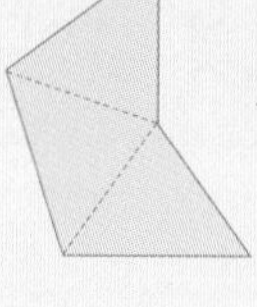 은 전체 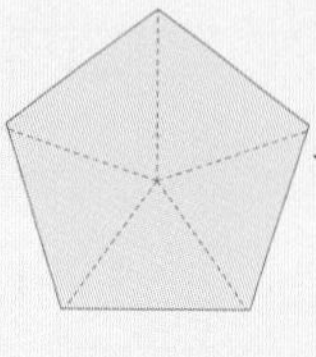 를 똑같이 ☐ 로 나눈 것 중의 ☐ 입니다.

월 일

◆ 전체를 똑같이 나누고 색칠하시오.

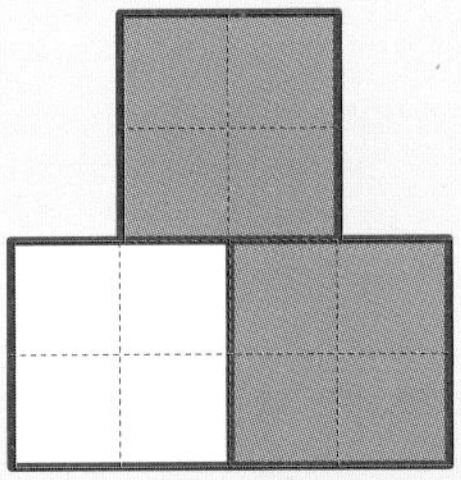

전체를 똑같이 3으로 나눈 것 중의 2

❶

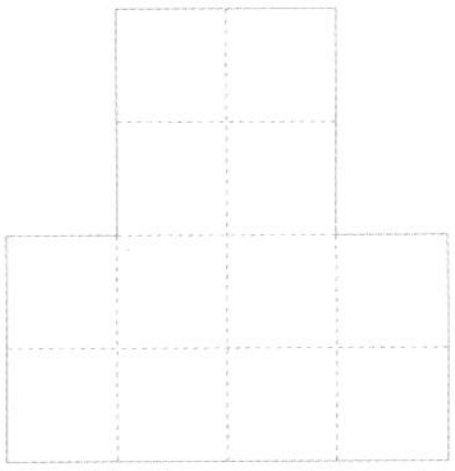

전체를 똑같이 3으로 나눈 것 중의 1

❷

전체를 똑같이 4로 나눈 것 중의 3

❸

전체를 똑같이 5로 나눈 것 중의 3

❹

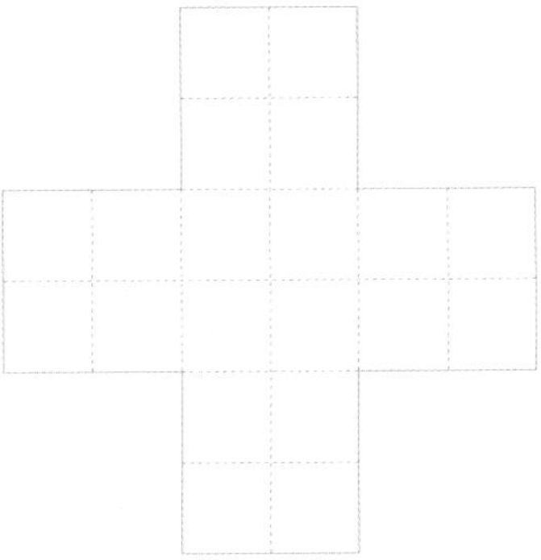

전체를 똑같이 4로 나눈 것 중의 1

❺

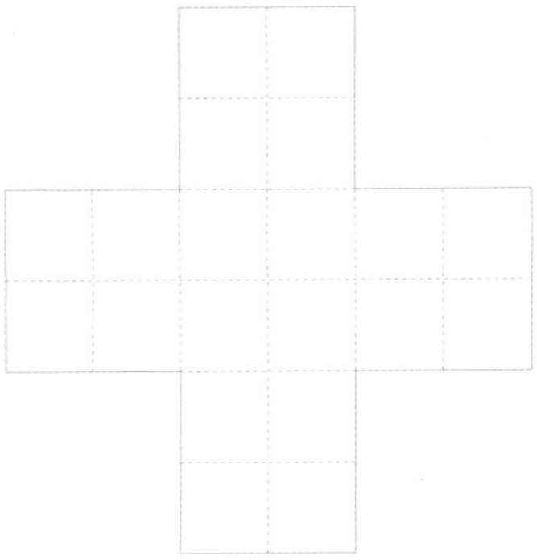

전체를 똑같이 10으로 나눈 것 중의 7

❻

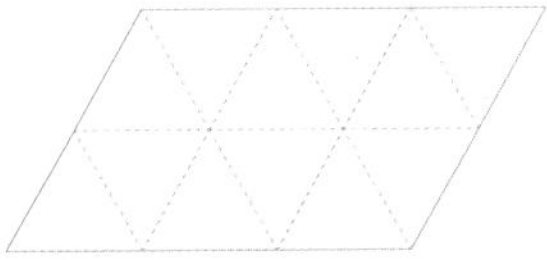

전체를 똑같이 4로 나눈 것 중의 2

❼

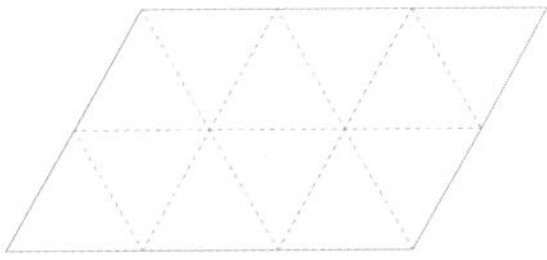

전체를 똑같이 3으로 나눈 것 중의 2

❽

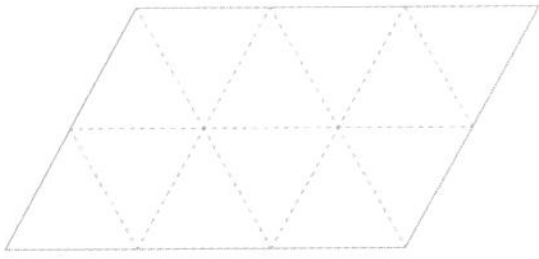

전체를 똑같이 6으로 나눈 것 중의 5

잘 공부했는지 알아봅시다

월 일

1 그림을 보고 빈칸에 알맞은 수를 써넣으시오.

❶

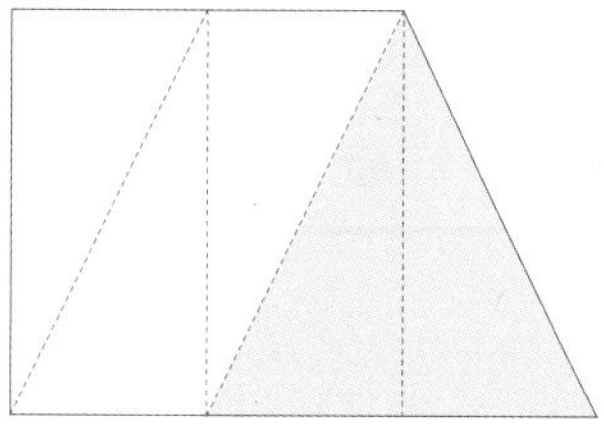

색칠한 부분은 전체를 똑같이 ☐로 나눈 것 중의 ☐입니다.

❷

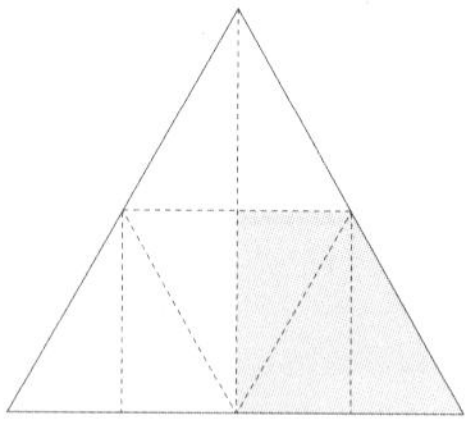

색칠한 부분은 전체를 똑같이 ☐로 나눈 것 중의 ☐입니다.

2 전체를 똑같이 **5**로 나눈 것 중의 **3**을 색칠한 것을 찾아 모두 ○표 하시오.

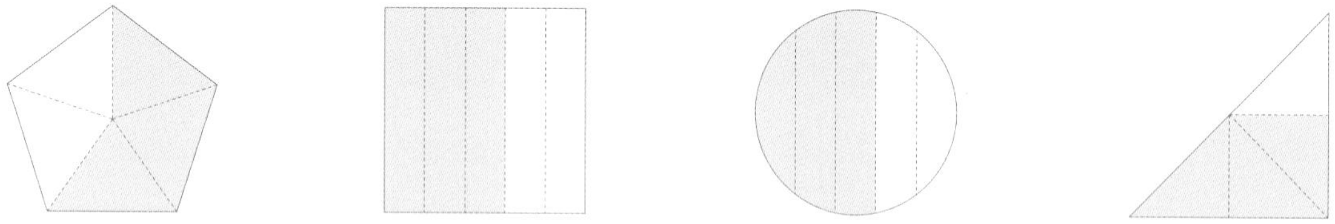

( ) ( ) ( ) ( )

3 전체를 똑같이 나누고 색칠하시오.

❶

전체를 똑같이 4로 나눈 것 중의 2

❷

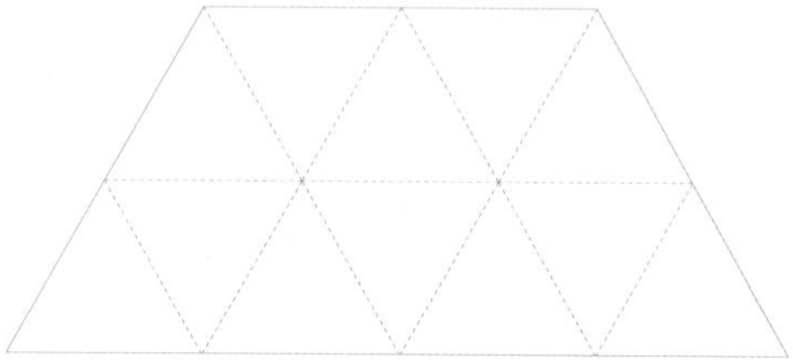

전체를 똑같이 4로 나눈 것 중의 3

2 분수

549 분수 읽기

◐ 관계 있는 것끼리 선으로 이으시오.

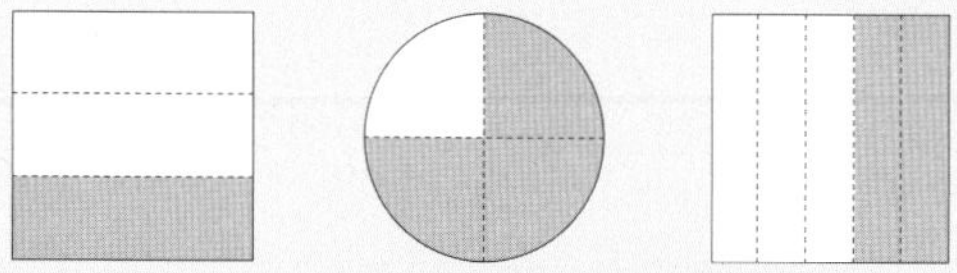

$\frac{2}{5}$ $\frac{1}{3}$ $\frac{3}{4}$

5분의 2 4분의 3 3분의 1

❶

$\frac{5}{7}$ $\frac{1}{2}$ $\frac{4}{9}$

2분의 1 7분의 5 9분의 4

❷

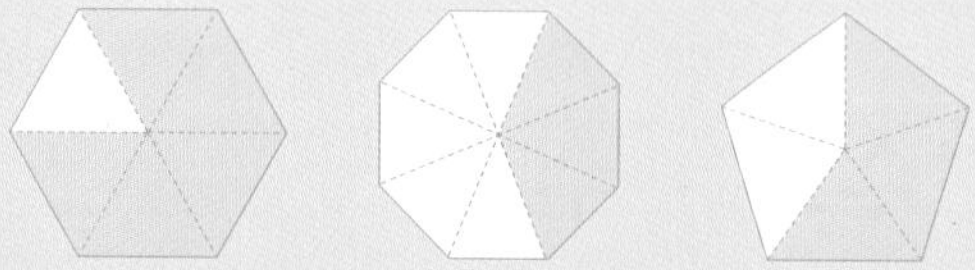

$\frac{3}{8}$ $\frac{5}{6}$ $\frac{3}{5}$

6분의 5 5분의 3 8분의 3

❸

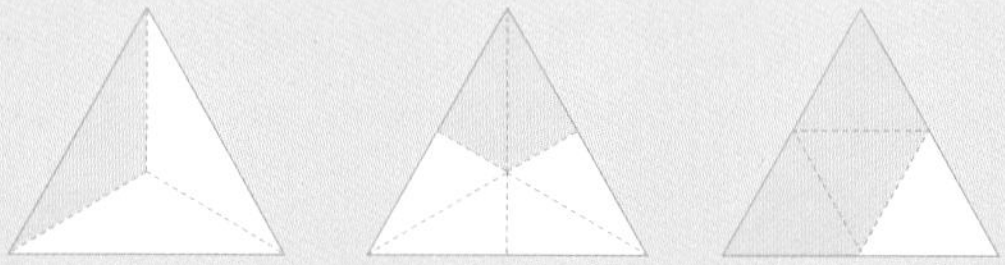

$\frac{3}{4}$ $\frac{1}{3}$ $\frac{2}{6}$

4분의 3 6분의 2 3분의 1

빈칸에 알맞은 수를 써넣고 관계 있는 것끼리 선으로 이으시오.

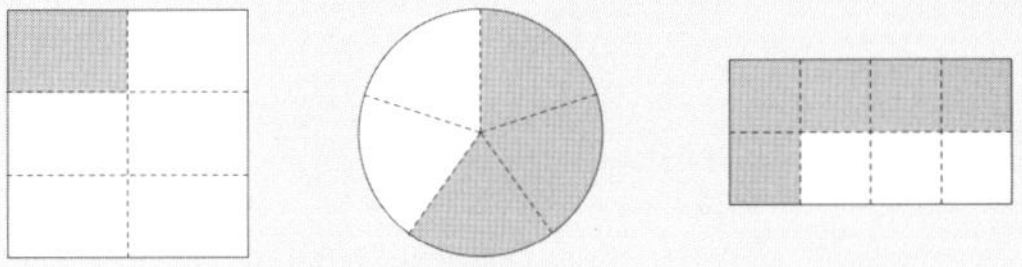

$\frac{3}{\boxed{5}}$　$\frac{\boxed{1}}{6}$　$\frac{\boxed{5}}{8}$

8분의 [5]　[5]분의 3　6분의 [1]

❶

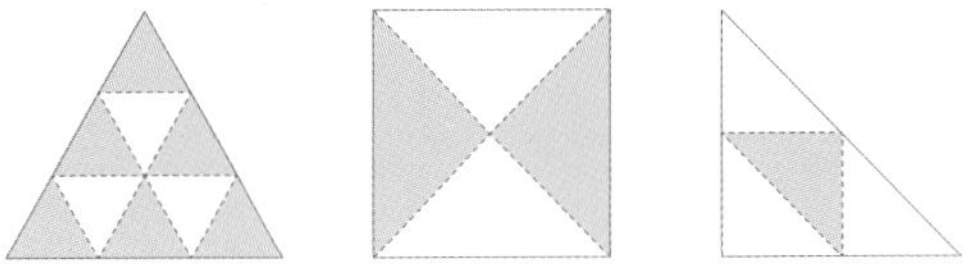

$\frac{\square}{4}$　$\frac{1}{\square}$　$\frac{\square}{9}$

4분의 □　9분의 □　□분의 1

❷

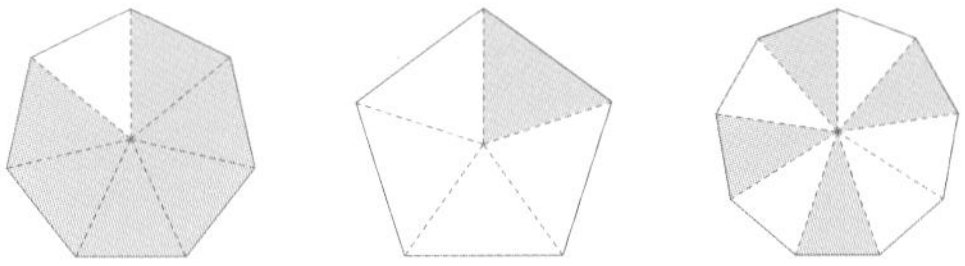

$\frac{4}{\square}$　$\frac{6}{\square}$　$\frac{\square}{5}$

□분의 4　□분의 6　5분의 □

❸

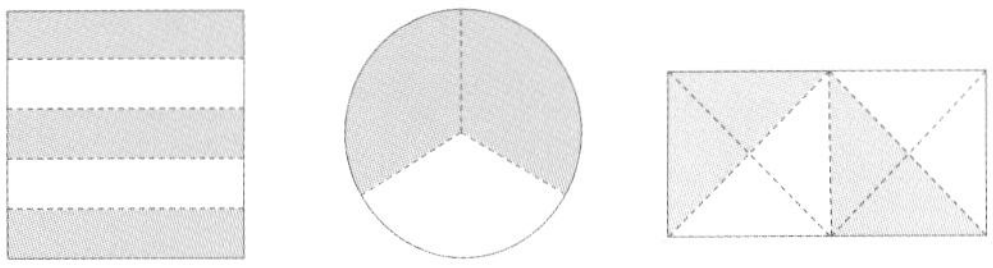

$\frac{2}{\square}$　$\frac{\square}{5}$　$\frac{4}{\square}$

5분의 □　□분의 4　□분의 2

550 분수로 나타내기

◐ 전체에 대하여 색칠된 부분의 크기를 분수로 나타내시오.

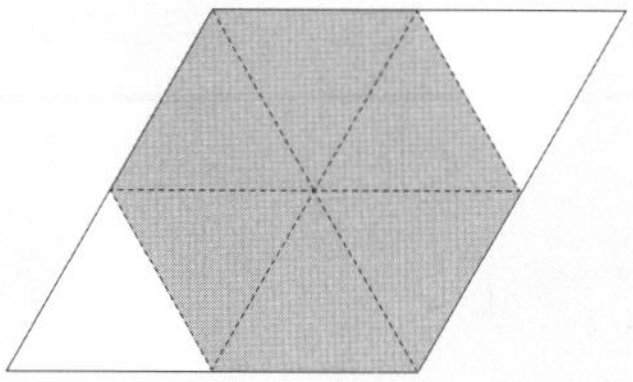

$\frac{6}{8}$

❶

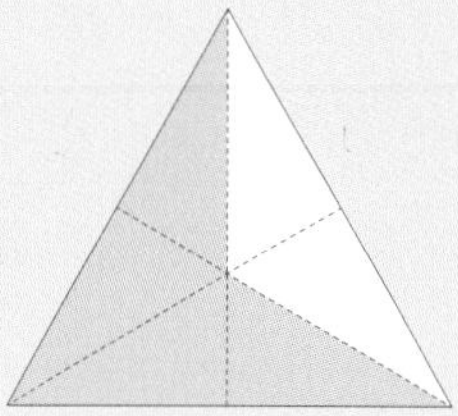

❷

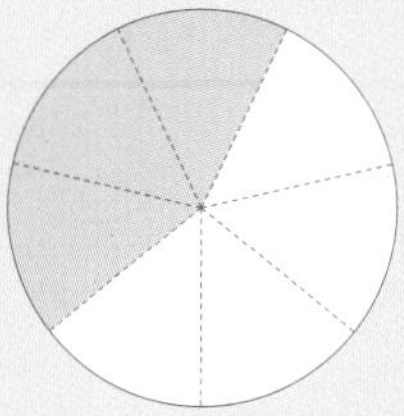

❸

❹

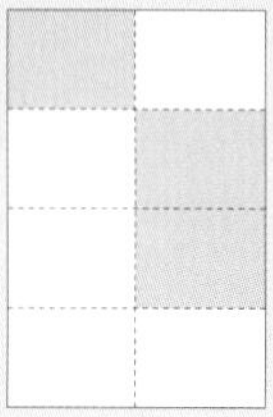

❺

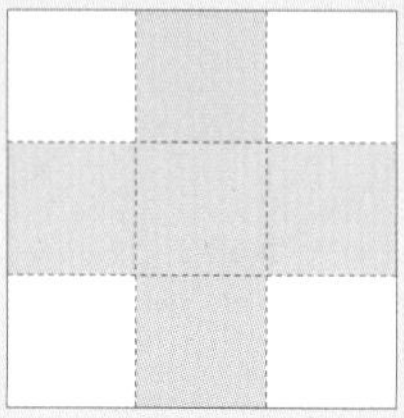

◐ 주어진 분수만큼 색칠하시오.

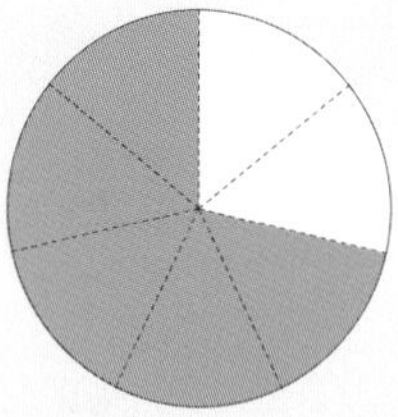

$\frac{5}{7}$

❻

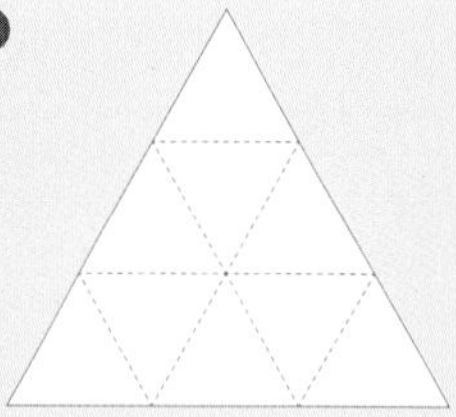

$\frac{4}{9}$

❼

$\frac{3}{8}$

❽

$\frac{1}{6}$

❾

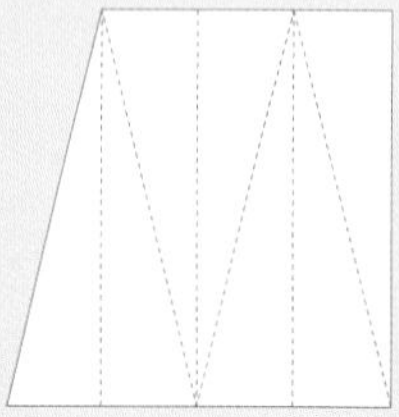

$\frac{2}{7}$

❿

$\frac{3}{5}$

분수를 바르게 나타낸 것에 ○표, 잘못 나타낸 것에 ×표 하시오.

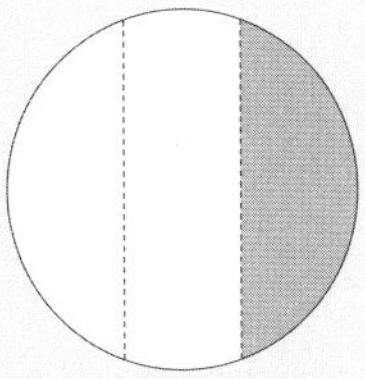

$\frac{1}{3}$

(×)

❶

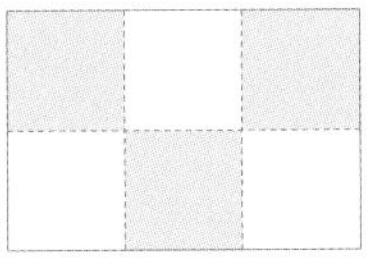

$\frac{3}{6}$

( )

❷

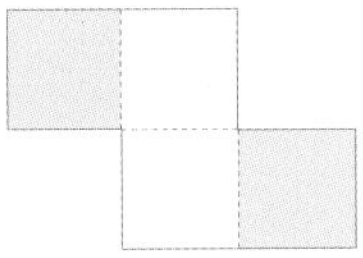

$\frac{2}{3}$

( )

❸

$\frac{2}{6}$

( )

❹

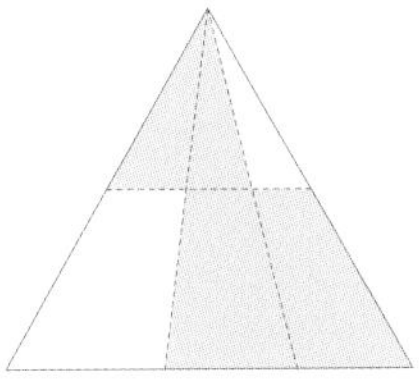

$\frac{4}{6}$

( )

❺

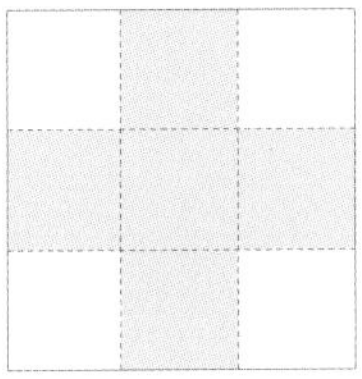

$\frac{5}{9}$

( )

❻

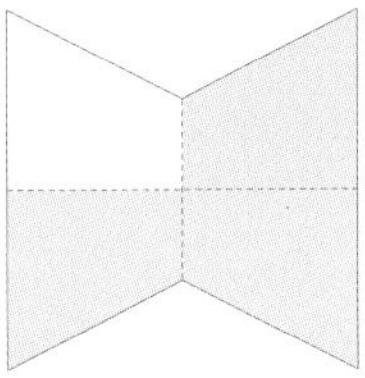

$\frac{3}{4}$

( )

❼

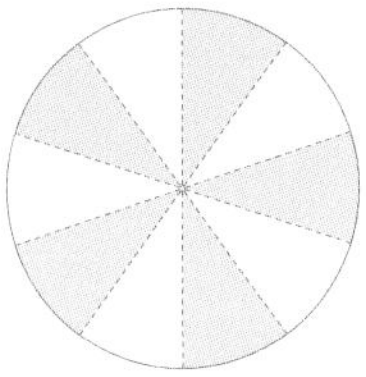

$\frac{5}{10}$

( )

❽

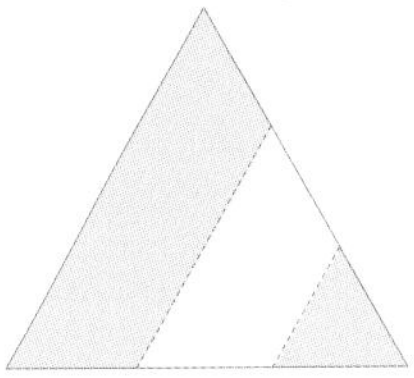

$\frac{2}{3}$

( )

❾

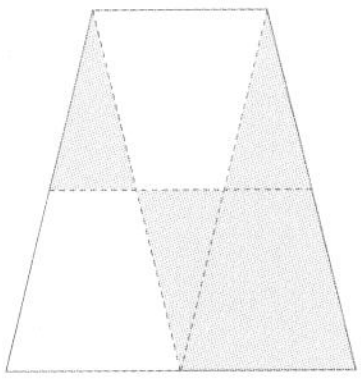

$\frac{4}{6}$

( )

❿

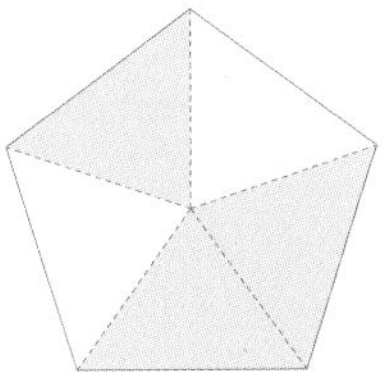

$\frac{3}{5}$

( )

⓫

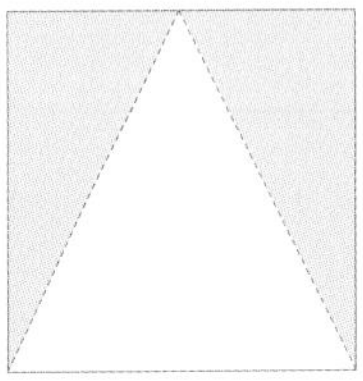

$\frac{2}{3}$

( )

551 단위 분수의 개수

◐ 분수만큼 색칠하고, 빈칸에 알맞은 수를 써넣으시오.

$\frac{4}{5}$ $\frac{4}{5}$는 $\frac{1}{5}$이 4 개입니다.

$\frac{1}{5}$ $\frac{1}{5}$이 4개이면 $\frac{4}{5}$ 입니다.

❶ $\frac{5}{6}$ $\frac{5}{6}$는 $\frac{1}{6}$이 □ 개입니다.

$\frac{1}{6}$ $\frac{1}{6}$이 5개이면 □ 입니다.

❷ $\frac{3}{4}$ $\frac{3}{4}$은 $\frac{1}{4}$이 □ 개입니다.

$\frac{1}{4}$ $\frac{1}{4}$이 3개이면 □ 입니다.

❸ $\frac{4}{7}$ $\frac{4}{7}$는 $\frac{1}{7}$이 □ 개입니다.

$\frac{1}{7}$ $\frac{1}{7}$이 4개이면 □ 입니다.

빈칸에 알맞은 수를 써넣으시오.

$\frac{3}{6}$은 $\frac{1}{6}$의 $\boxed{3}$배이므로 $\frac{3}{6}$은 $\frac{1}{6}$이 $\boxed{3}$개입니다.

❶ $\frac{2}{5}$는 $\frac{1}{5}$의 $\square$배이므로 $\frac{2}{5}$는 $\frac{1}{5}$이 $\square$개입니다.

❷ $\frac{5}{7}$는 $\frac{1}{7}$의 $\square$배이므로 $\frac{5}{7}$는 $\frac{1}{7}$이 $\square$개입니다.

❸ $\frac{3}{8}$은 $\frac{1}{8}$이 $\square$개입니다.

❹ $\frac{1}{5}$이 3개이면 $\frac{\square}{5}$입니다.

❺ $\frac{8}{9}$은 $\frac{1}{\square}$이 8개입니다.

❻ $\frac{1}{9}$이 7개이면 $\frac{7}{\square}$입니다.

❼ $\frac{\square}{6}$는 $\frac{1}{6}$이 5개입니다.

❽ $\frac{1}{\square}$이 2개이면 $\frac{2}{3}$입니다.

❾ $\frac{6}{\square}$은 $\frac{1}{7}$이 6개입니다.

❿ $\frac{\square}{9}$이 7개이면 $\frac{7}{9}$입니다.

552 남은 피자

◐ 먹은 피자만큼 색칠하고, 남은 피자의 양을 분수로 나타내시오.

먹은 피자 $\frac{3}{8}$

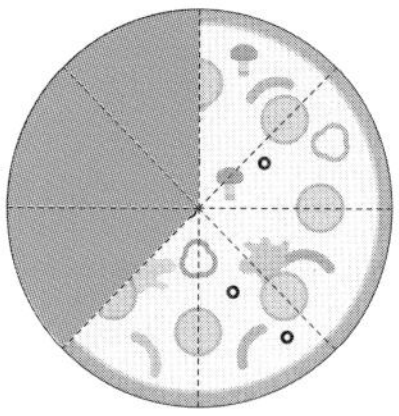

남은 피자 $\frac{5}{8}$

❶ 먹은 피자 $\frac{1}{6}$

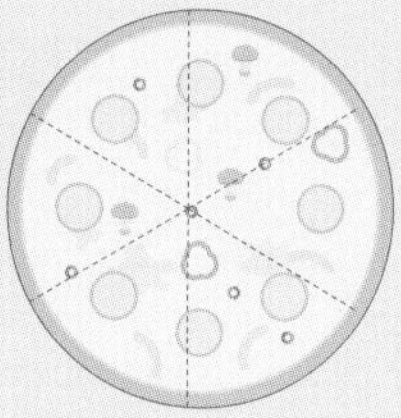

남은 피자

❷ 먹은 피자 $\frac{1}{4}$

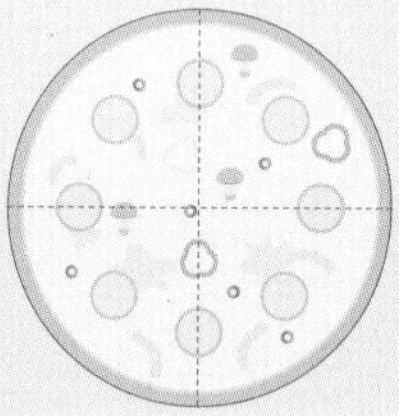

남은 피자

❸ 먹은 피자 $\frac{2}{5}$

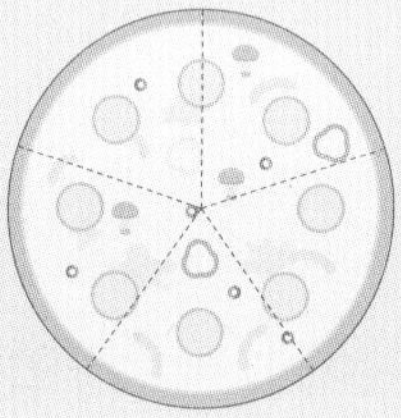

남은 피자

❹ 먹은 피자 $\frac{4}{7}$

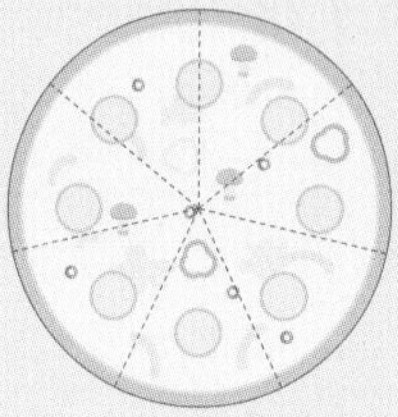

남은 피자

❺ 먹은 피자 $\frac{2}{8}$

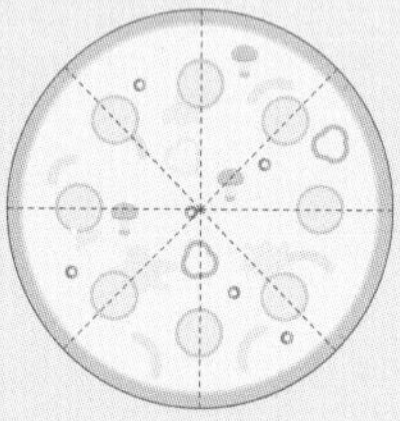

남은 피자

❻ 먹은 피자 $\frac{5}{6}$

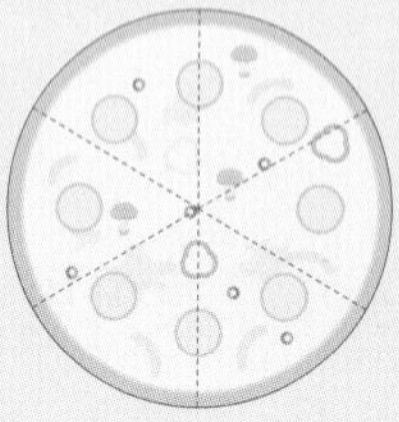

남은 피자

❼ 먹은 피자 $\frac{6}{9}$

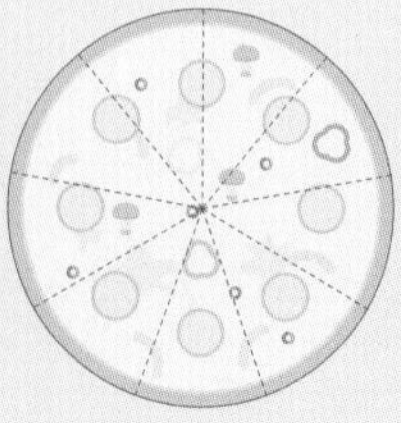

남은 피자

피자를 두 번 먹었습니다. 먹은 피자를 두 가지 색으로 색칠하고 남은 피자의 양을 분수로 나타내시오.

먹은 피자

$\frac{2}{8}$, $\frac{3}{8}$

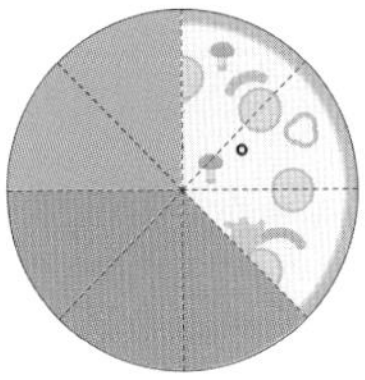

남은 피자

$\frac{3}{8}$

❶ 먹은 피자

$\frac{1}{5}$, $\frac{2}{5}$

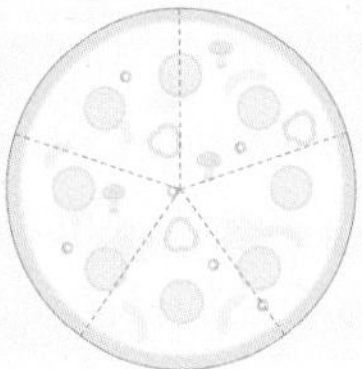

남은 피자

❷ 먹은 피자

$\frac{1}{3}$, $\frac{1}{3}$

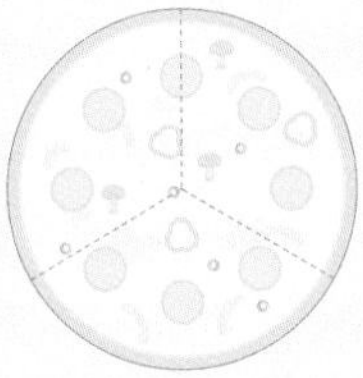

남은 피자

❸ 먹은 피자

$\frac{1}{6}$, $\frac{3}{6}$

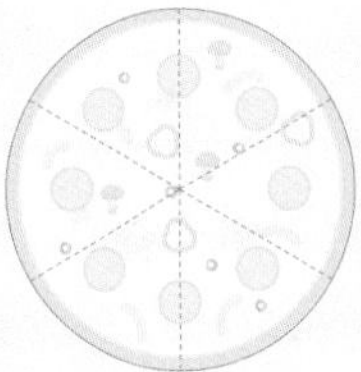

남은 피자

❹ 먹은 피자

$\frac{2}{7}$, $\frac{4}{7}$

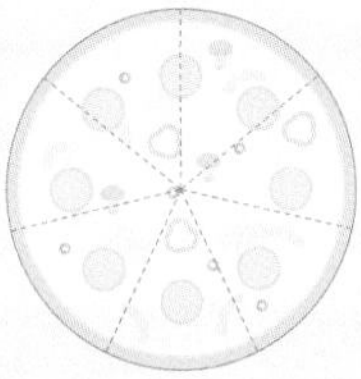

남은 피자

❺ 먹은 피자

$\frac{2}{9}$, $\frac{3}{9}$

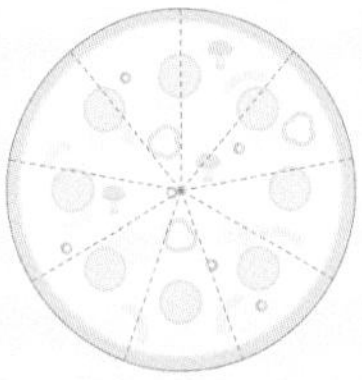

남은 피자

❻ 먹은 피자

$\frac{4}{9}$, $\frac{2}{9}$

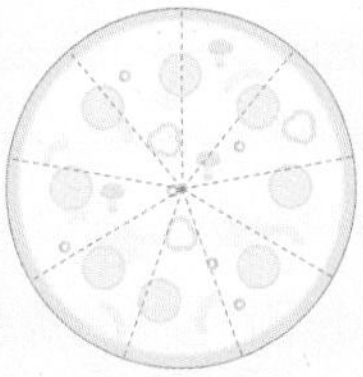

남은 피자

❼ 먹은 피자

$\frac{1}{8}$, $\frac{5}{8}$

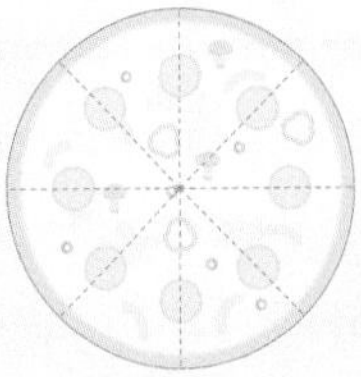

남은 피자

잘 공부했는지 알아봅시다

월 일

1 색칠한 부분이 나타내는 분수가 다른 하나를 찾아 ○표 하시오.

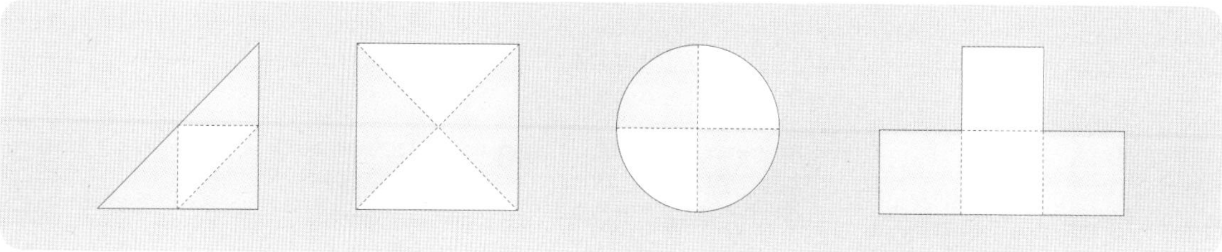

2 관계 있는 것끼리 선으로 이으시오.

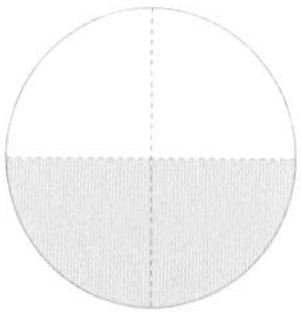

•	• $\frac{3}{8}$ •	• 6분의 4
•	• $\frac{2}{4}$ •	• 8분의 3
•	• $\frac{4}{6}$ •	• 4분의 2

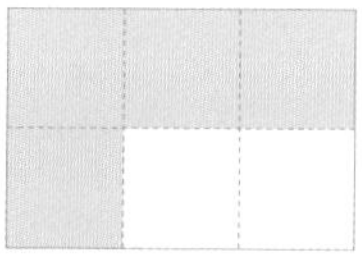

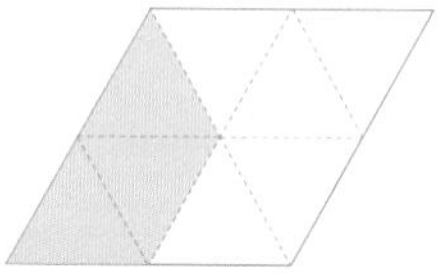

3 종이에 두 가지 색으로 색칠을 하였습니다. 빈칸에 알맞은 수를 써넣으시오.

❶

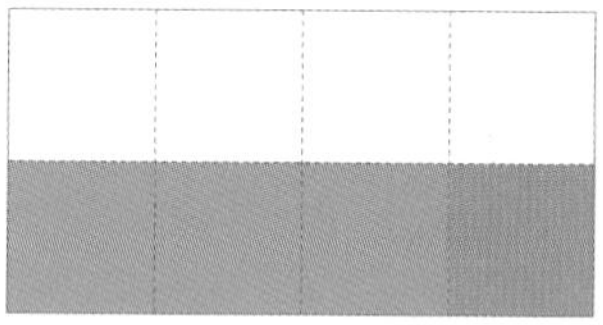

빨간색 : $\frac{3}{8}$, 파란색 : ☐

색칠하지 않은 부분 : ☐

❷

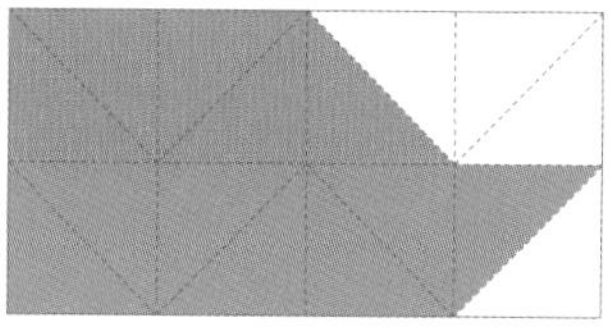

빨간색 : ☐, 파란색 : ☐

색칠하지 않은 부분 : ☐

3 분수의 크기 비교 (1)

553 분모가 같은 분수의 크기 비교

◐ 분수만큼 색칠하고, ○ 안에 >, =, <를 알맞게 써넣으시오.

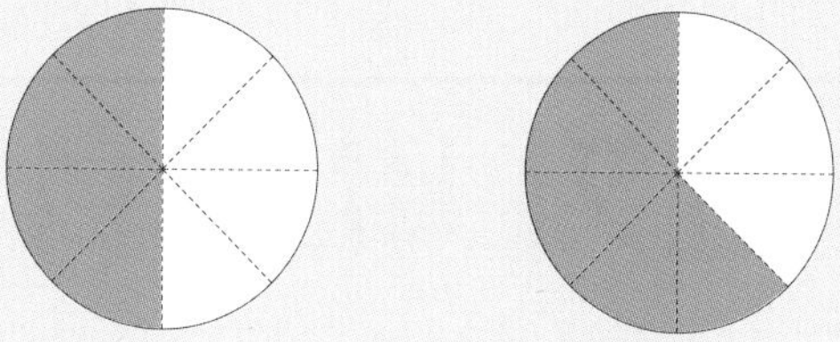

$\frac{4}{8}$ ($<$) $\frac{5}{8}$

❶

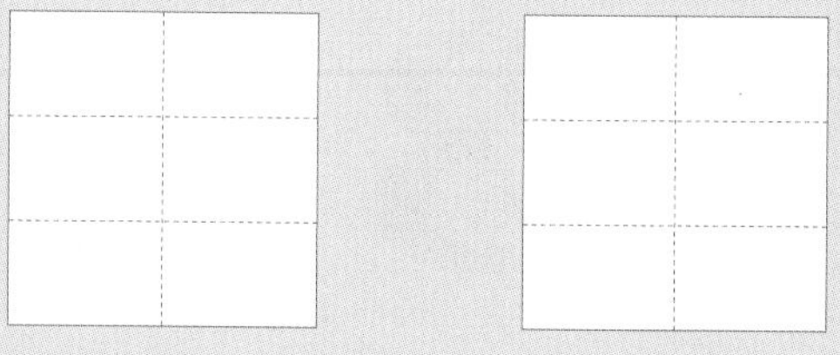

$\frac{5}{6}$ ○ $\frac{3}{6}$

❷

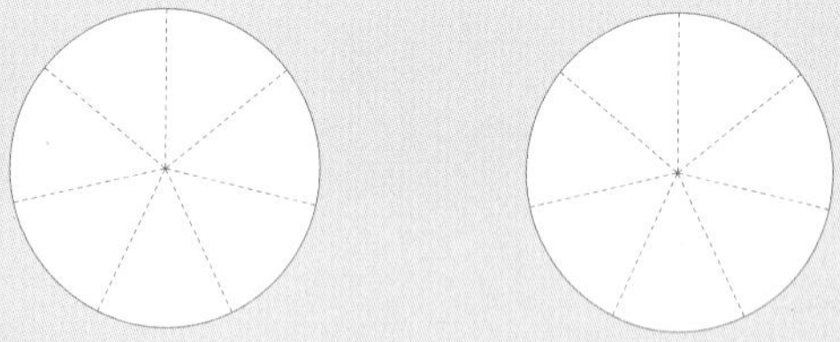

$\frac{2}{7}$ ○ $\frac{3}{7}$

❸

$\frac{7}{10}$ ○ $\frac{5}{10}$

❹

$\frac{4}{5}$ ○ $\frac{3}{5}$

❺

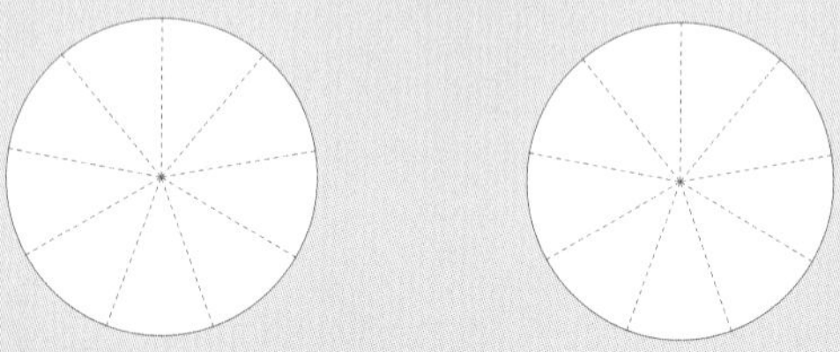

$\frac{6}{9}$ ○ $\frac{8}{9}$

두 분수의 크기를 비교하여 ◯ 안에 >, =, <를 알맞게 써넣으시오.

$\frac{3}{4}$ (>) $\frac{2}{4}$

❶ $\frac{6}{7}$ ◯ $\frac{5}{7}$

❷ $\frac{1}{10}$ ◯ $\frac{4}{10}$

❸ $\frac{5}{6}$ ◯ $\frac{4}{6}$

❹ $\frac{3}{12}$ ◯ $\frac{9}{12}$

❺ $\frac{2}{8}$ ◯ $\frac{7}{8}$

❻ $\frac{1}{3}$ ◯ $\frac{2}{3}$

❼ $\frac{2}{5}$ ◯ $\frac{1}{5}$

❽ $\frac{5}{9}$ ◯ $\frac{4}{9}$

❾ $\frac{1}{9}$이 3개인 수 ◯ $\frac{4}{9}$

❿ $\frac{6}{7}$ ◯ $\frac{1}{7}$이 3개인 수

⓫ $\frac{1}{8}$이 5개인 수 ◯ $\frac{3}{8}$

⓬ $\frac{7}{9}$ ◯ $\frac{1}{9}$이 8개인 수

⓭ $\frac{1}{6}$이 2개인 수 ◯ $\frac{3}{6}$

⓮ $\frac{4}{11}$ ◯ $\frac{1}{11}$이 10개인 수

554 단위 분수의 크기 비교

◐ 분수만큼 색칠하고, ○ 안에 >, =, <를 알맞게 써넣으시오.

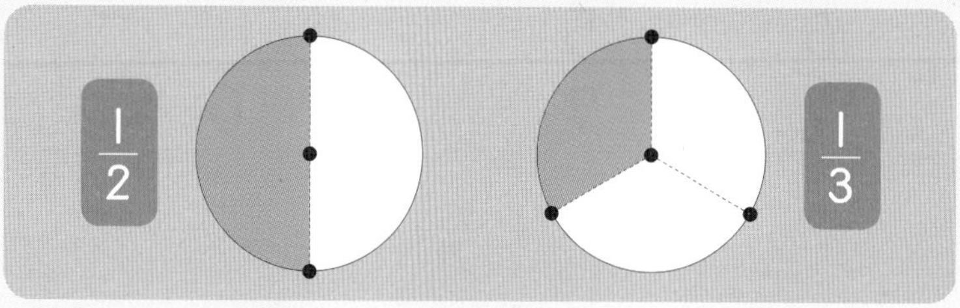

$\frac{1}{2}$ (>) $\frac{1}{3}$

❶

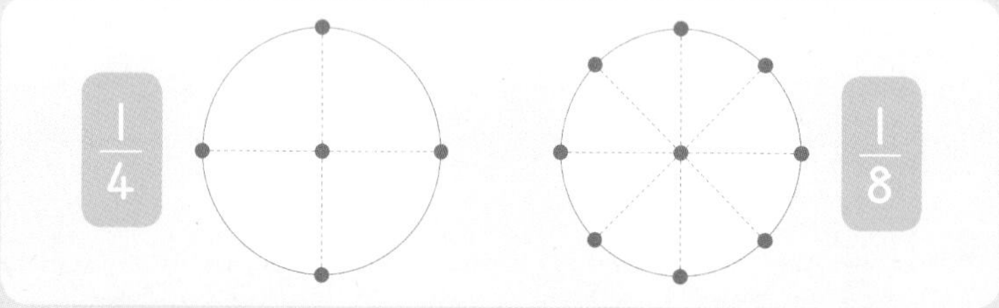

$\frac{1}{4}$ ○ $\frac{1}{8}$

❷

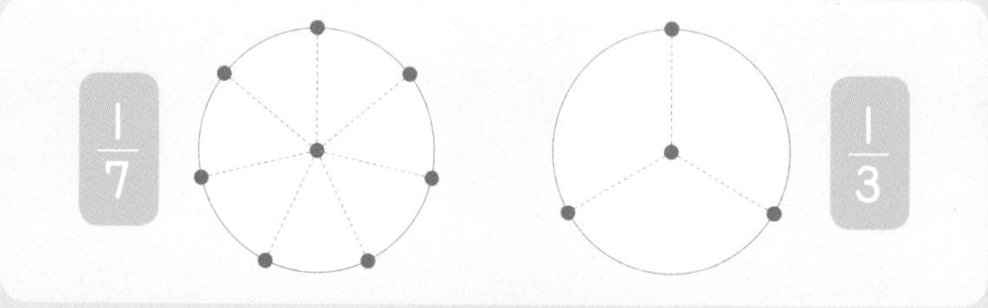

$\frac{1}{7}$ ○ $\frac{1}{3}$

❸

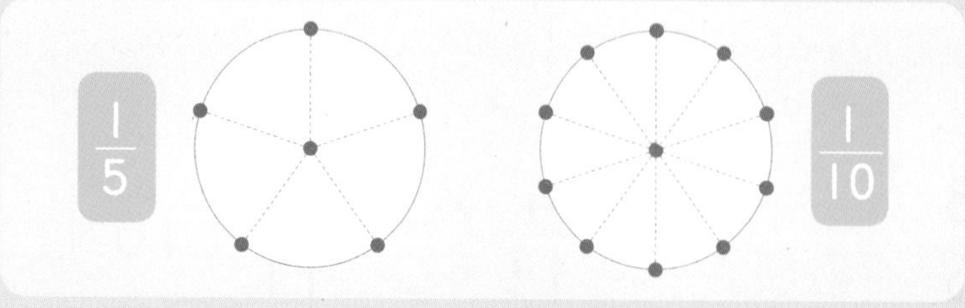

$\frac{1}{5}$ ○ $\frac{1}{10}$

월 일

⊕ 부등호에 맞게 ▭ 안의 분수를 빈칸에 써넣으시오.

$\frac{1}{4} < \frac{1}{3}$

$\frac{1}{3}$ $\frac{1}{4}$

❶ □ $>$ □

$\frac{1}{7}$ $\frac{1}{10}$

❷ □ $<$ □

$\frac{1}{2}$ $\frac{1}{6}$

❸ □ $>$ □

$\frac{1}{5}$ $\frac{1}{10}$

❹ □ $<$ □

$\frac{1}{8}$ $\frac{1}{4}$

❺ □ $>$ □

$\frac{1}{6}$ $\frac{1}{9}$

❻ □ $>$ □ $>$ □

$\frac{1}{2}$ $\frac{1}{4}$ $\frac{1}{3}$

❼ □ $<$ □ $<$ □

$\frac{1}{7}$ $\frac{1}{12}$ $\frac{1}{8}$

555 분자가 같은 분수의 크기 비교

◐ 분수만큼 색칠하고, ○ 안에 >, =, <를 알맞게 써넣으시오.

$\frac{2}{3}$

$\frac{2}{4}$

$\frac{2}{3}$ (>) $\frac{2}{4}$

❶ $\frac{3}{7}$

$\frac{3}{5}$

$\frac{3}{7}$ ○ $\frac{3}{5}$

❷ $\frac{5}{6}$

$\frac{5}{9}$

$\frac{5}{6}$ ○ $\frac{5}{9}$

❸ $\frac{4}{5}$

$\frac{4}{6}$

$\frac{4}{5}$ ○ $\frac{4}{6}$

❹ $\frac{7}{10}$

$\frac{7}{8}$

$\frac{7}{10}$ ○ $\frac{7}{8}$

◆ 분수만큼 색칠하고, 큰 수부터 차례로 쓰시오.

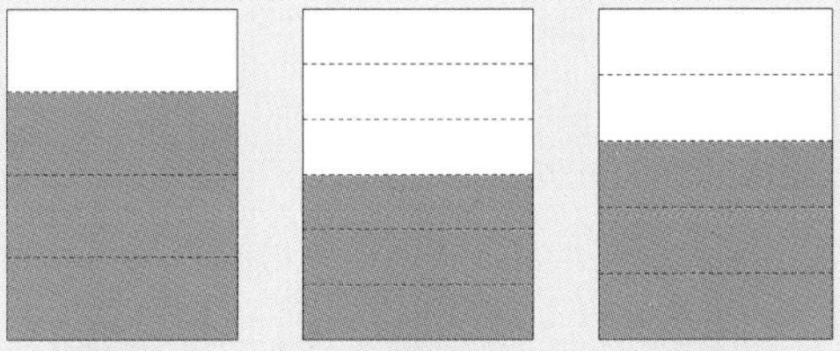

$\frac{3}{4}$ $\frac{3}{6}$ $\frac{3}{5}$

$\frac{3}{4}$ $\frac{3}{5}$ $\frac{3}{6}$

❶

$\frac{4}{7}$ $\frac{4}{5}$ $\frac{4}{8}$

❷

$\frac{2}{6}$ $\frac{2}{3}$ $\frac{2}{5}$

❸

$\frac{4}{9}$ $\frac{4}{7}$ $\frac{4}{6}$

❹

$\frac{5}{6}$ $\frac{5}{10}$ $\frac{5}{8}$

❺

$\frac{3}{7}$ $\frac{3}{6}$ $\frac{3}{4}$

556 네모 대소

◐ □ 안에 들어갈 수 있는 수에 ○표 하시오.

$\frac{3}{8} < \frac{\square}{8}$

2 ④

❶ $\frac{5}{7} > \frac{\square}{7}$

4 6

❷ $\frac{2}{5} < \frac{\square}{5}$

1 3

❸ $\frac{1}{3} > \frac{1}{\square}$

2 4

❹ $\frac{1}{7} < \frac{1}{\square}$

8 6

❺ $\frac{1}{6} > \frac{1}{\square}$

5 7

❻ $\frac{2}{7} < \frac{2}{\square}$

6 8

❼ $\frac{5}{9} > \frac{5}{\square}$

6 10

❽ $\frac{3}{8} < \frac{3}{\square}$

5 9

❾ $\frac{7}{9} > \frac{\square}{9}$

3 8

❿ $\frac{1}{5} < \frac{1}{\square}$

4 9

⓫ $\frac{6}{10} < \frac{6}{\square}$

12 8

◆ □ 안에 들어갈 수 있는 수에 모두 ○표 하시오.

$\frac{2}{7} > \frac{2}{\square}$

5 6 7 ⑧ ⑨

❶ $\frac{5}{9} < \frac{\square}{9}$

3 4 5 6 7

❷ $\frac{3}{6} < \frac{3}{\square}$

4 5 6 7 8

❸ $\frac{1}{8} > \frac{1}{\square}$

6 7 8 9 10

❹ $\frac{8}{12} < \frac{\square}{12} < \frac{11}{12}$

7 8 9 10 11

❺ $\frac{3}{7} < \frac{\square}{7} < \frac{6}{7}$

3 4 5 6 7

❻ $\frac{1}{11} > \frac{1}{\square} > \frac{1}{14}$

11 12 13 14 15

❼ $\frac{3}{12} < \frac{3}{\square} < \frac{3}{9}$

9 10 11 12 13

잘 공부했는지 알아봅시다

월 일

1 그림에 분수만큼 색칠하고 ○ 안에 >, =, <를 알맞게 써넣으시오.

❶ $\frac{3}{7}$

$\frac{6}{7}$

$\frac{3}{7}$ ○ $\frac{6}{7}$

❷ $\frac{2}{5}$

$\frac{2}{8}$

$\frac{2}{5}$ ○ $\frac{2}{8}$

2 분수의 크기를 비교하여 가장 큰 수에 ○표, 가장 작은 수에 △표 하시오.

$\frac{3}{13}$ $\frac{7}{13}$ $\frac{12}{13}$ $\frac{8}{13}$ $\frac{5}{13}$

3 □ 안에 들어갈 수 있는 수에 모두 ○표 하시오.

❶ $\frac{4}{15} < \frac{4}{\square} < \frac{4}{12}$

11 12 13 14 15

❷ $\frac{1}{13} < \frac{\square}{13} < \frac{9}{13}$

7 8 9 10 11

4 분수의 크기 비교 (2)

557 $\frac{1}{2}$과 크기가 같은 분수

558 $\frac{1}{2}$과 크기 비교

559 세 분수의 크기 비교

560 토너먼트 비교

557 $\frac{1}{2}$과 크기가 같은 분수

◐ 수직선의 빈칸에 알맞은 분수를 쓰고, ○ 안에 >, =, <를 알맞게 써넣으시오.

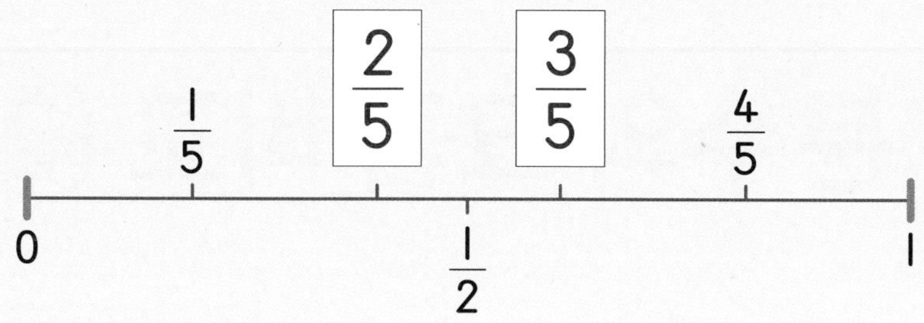

$\frac{2}{5}$ (<) $\frac{1}{2}$

$\frac{3}{5}$ (>) $\frac{1}{2}$

❶

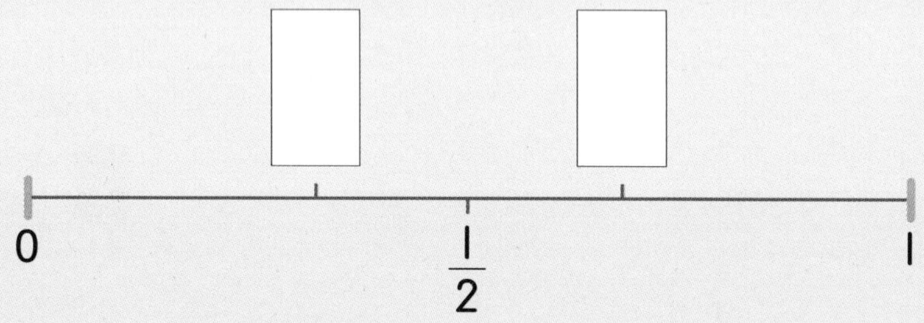

$\frac{1}{3}$ ○ $\frac{1}{2}$

$\frac{2}{3}$ ○ $\frac{1}{2}$

❷

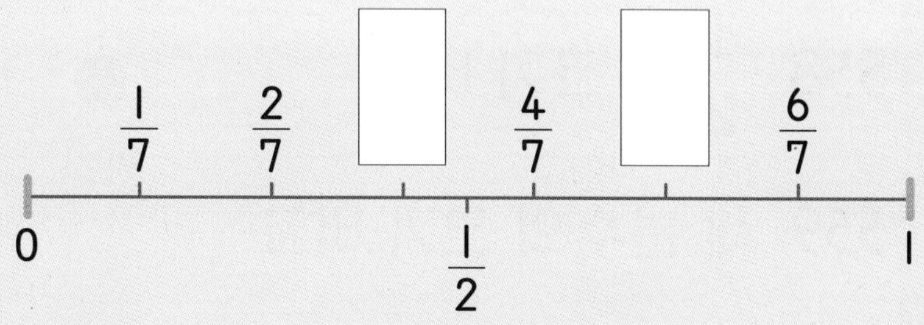

$\frac{3}{7}$ ○ $\frac{1}{2}$

$\frac{5}{7}$ ○ $\frac{1}{2}$

❸

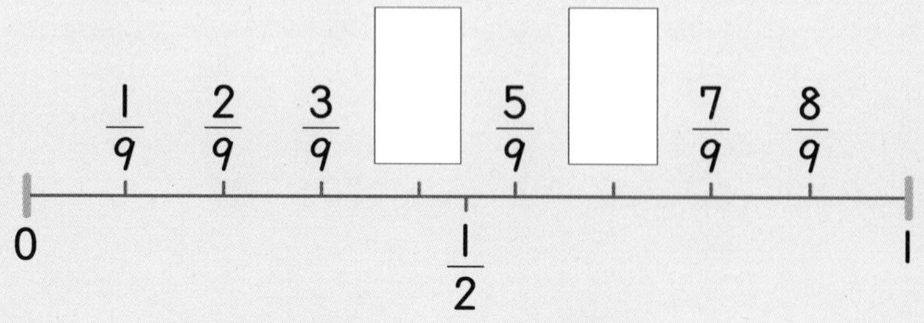

$\frac{4}{9}$ ○ $\frac{1}{2}$

$\frac{6}{9}$ ○ $\frac{1}{2}$

수직선의 빈칸에 알맞은 분수를 쓰고, □ 안에 $\frac{1}{2}$과 크기가 같은 분수를 쓰시오.

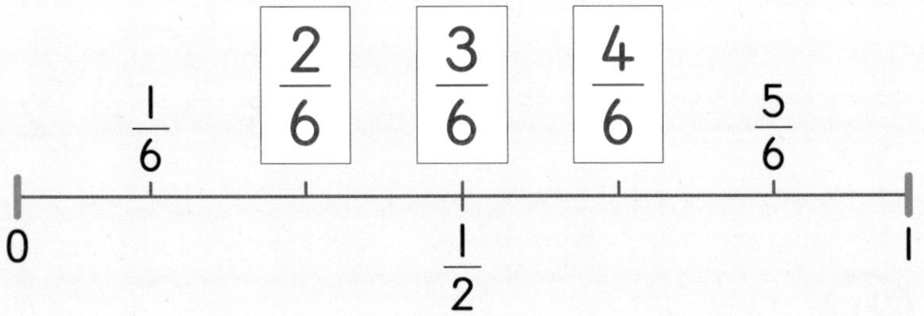

$\frac{3}{6} = \frac{1}{2}$

❶

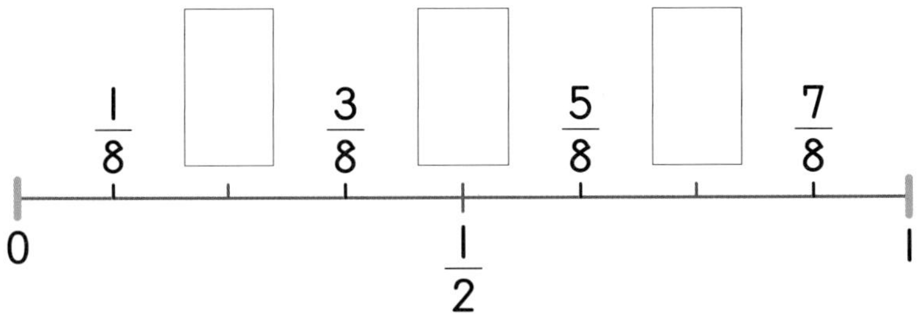

$\square = \frac{1}{2}$

❷

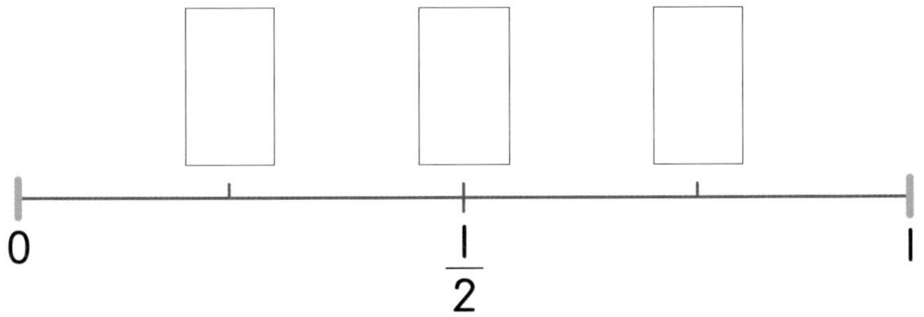

$\square = \frac{1}{2}$

❸

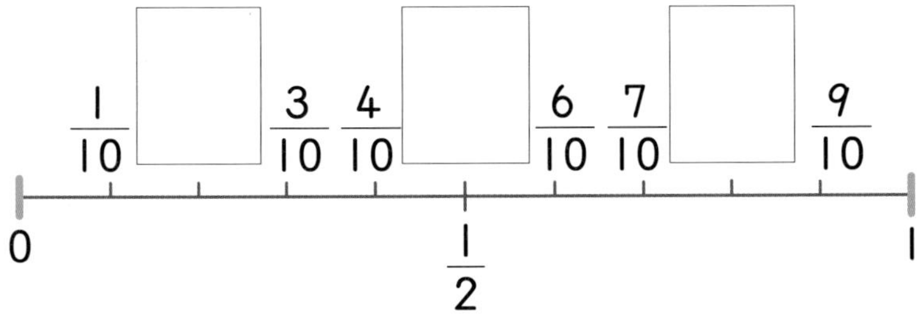

$\square = \frac{1}{2}$

558 $\frac{1}{2}$과 크기 비교

◐ 분수만큼 색칠하여 $\frac{1}{2}$과 크기를 비교하고, 알맞은 말에 ◯표 하시오.

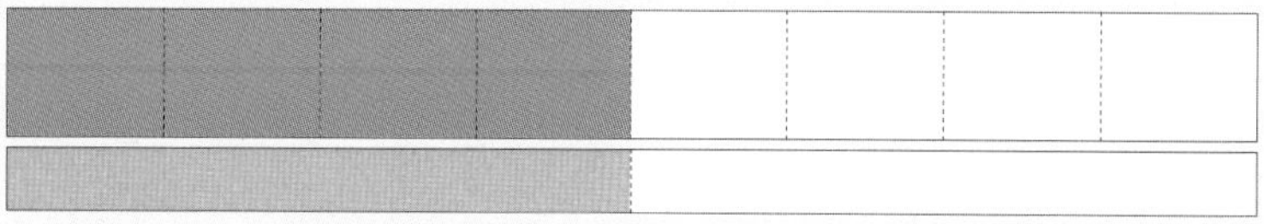

$\frac{4}{8}$

$\frac{1}{2}$

$\frac{4}{8}$ (=) $\frac{1}{2}$

분자 4의 2배는 분모 8과 ((같다) , 다르다).

❶ 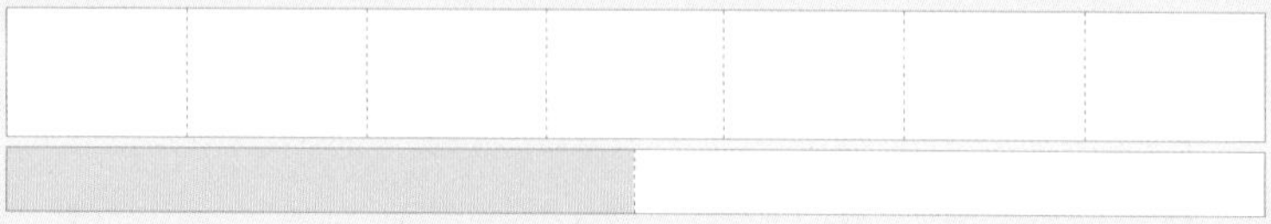

$\frac{3}{7}$

$\frac{1}{2}$

$\frac{3}{7}$ ◯ $\frac{1}{2}$

분자 3의 2배는 분모 7보다 (크다 , 작다).

❷ 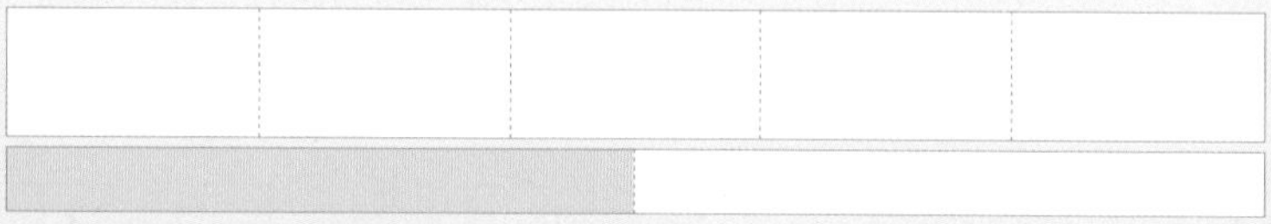

$\frac{3}{5}$

$\frac{1}{2}$

$\frac{3}{5}$ ◯ $\frac{1}{2}$

분자 3의 2배는 분모 5보다 (크다 , 작다).

❸ 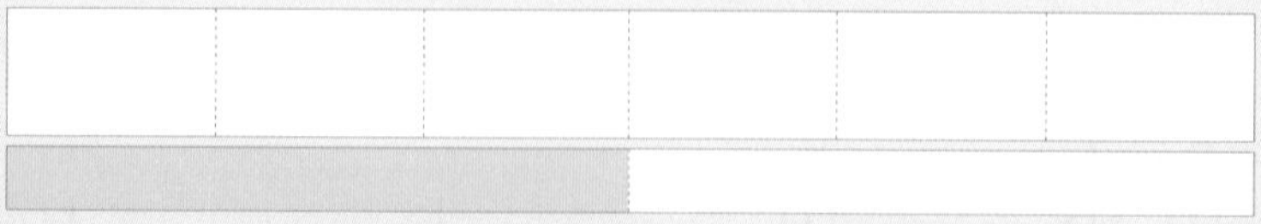

$\frac{3}{6}$

$\frac{1}{2}$

$\frac{3}{6}$ ◯ $\frac{1}{2}$

분자 3의 2배는 분모 6과 (같다 , 다르다).

월 일

크기 비교에 맞게 안의 분수를 빈칸에 써넣으시오.

$\frac{3}{8} < \frac{1}{2} = \frac{4}{8} < \frac{5}{8}$

$\frac{3}{8}$ $\frac{4}{8}$ $\frac{5}{8}$

❶ $\square < \frac{1}{2} < \square$

$\frac{3}{7}$ $\frac{4}{7}$

❷ $\square < \frac{1}{2} = \square < \square$

$\frac{2}{6}$ $\frac{3}{6}$ $\frac{4}{6}$

❸ $\square < \frac{1}{2} < \square$

$\frac{2}{5}$ $\frac{3}{5}$

❹ $\square < \frac{1}{2} = \square < \square$

$\frac{5}{10}$ $\frac{3}{10}$ $\frac{7}{10}$

❺ $\square < \frac{1}{2} < \square$

$\frac{7}{9}$ $\frac{2}{9}$

559 세 분수의 크기 비교

◐ ○ 안에 ＞, ＝, ＜를 알맞게 써넣고, 관계 있는 것끼리 선으로 이으시오.

$\frac{2}{6} < \frac{4}{7}$ • —— • $\frac{1}{2}$보다 큰 분수와 $\frac{1}{2}$보다 작은 분수를 비교합니다.

$\frac{2}{7} > \frac{2}{8}$ • —— • 분자가 같은 분수는 분모가 작을수록 큰 수입니다.

$\frac{3}{5} < \frac{4}{5}$ • —— • 분모가 같은 분수는 분자가 클수록 큰 수입니다.

❶

$\frac{1}{8}$ ○ $\frac{1}{10}$ • • 분자가 1인 분수는 분모가 작을수록 큰 수입니다.

$\frac{7}{9}$ ○ $\frac{8}{9}$ • • 분모가 같은 분수는 분자가 클수록 큰 수입니다.

$\frac{4}{5}$ ○ $\frac{3}{7}$ • • $\frac{1}{2}$보다 큰 분수와 $\frac{1}{2}$보다 작은 분수를 비교합니다.

❷

$\frac{5}{7}$ ○ $\frac{5}{6}$ • • 분모가 같은 분수는 분자가 클수록 큰 수입니다.

$\frac{3}{9}$ ○ $\frac{4}{8}$ • • $\frac{1}{2}$과 같은 분수와 $\frac{1}{2}$보다 작은 분수를 비교합니다.

$\frac{4}{10}$ ○ $\frac{2}{10}$ • • 분자가 같은 분수는 분모가 작을수록 큰 수입니다.

◆ ○ 안에 >, =, <를 알맞게 써넣으시오.

$\frac{2}{7}$ (>) $\frac{2}{9}$ (>) $\frac{2}{10}$

❶ $\frac{3}{8}$ ○ $\frac{5}{8}$ ○ $\frac{6}{8}$

❷ $\frac{2}{6}$ ○ $\frac{1}{2}$ ○ $\frac{4}{7}$

❸ $\frac{1}{5}$ ○ $\frac{1}{4}$ ○ $\frac{1}{3}$

❹ $\frac{7}{11}$ ○ $\frac{3}{11}$ ○ $\frac{1}{11}$

❺ $\frac{5}{8}$ ○ $\frac{1}{2}$ ○ $\frac{3}{6}$

❻ $\frac{5}{6}$ ○ $\frac{5}{7}$ ○ $\frac{5}{8}$

❼ $\frac{3}{10}$ ○ $\frac{5}{10}$ ○ $\frac{9}{10}$

❽ $\frac{3}{8}$ ○ $\frac{1}{2}$ ○ $\frac{7}{9}$

❾ $\frac{1}{9}$ ○ $\frac{1}{12}$ ○ $\frac{1}{15}$

❿ $\frac{6}{9}$ ○ $\frac{7}{9}$ ○ $\frac{8}{9}$

⓫ $\frac{3}{11}$ ○ $\frac{3}{9}$ ○ $\frac{3}{5}$

560 토너먼트 비교

◐ 선으로 연결된 두 분수의 크기를 비교하여 빈칸에 큰 분수를 써넣으시오.

$\frac{2}{4}$ $\frac{3}{4}$ $\frac{2}{5}$ $\frac{3}{5}$

$\frac{3}{4}$ $\frac{3}{5}$

$\frac{3}{4}$

❶ $\frac{2}{6}$ $\frac{2}{3}$ $\frac{2}{7}$ $\frac{2}{4}$

❷ $\frac{3}{8}$ $\frac{5}{8}$ $\frac{4}{8}$ $\frac{2}{8}$

❸ $\frac{1}{7}$ $\frac{1}{9}$ $\frac{1}{6}$ $\frac{1}{5}$

❹ $\frac{3}{6}$ $\frac{3}{7}$ $\frac{4}{6}$ $\frac{4}{7}$

❺ $\frac{5}{8}$ $\frac{4}{8}$ $\frac{5}{7}$ $\frac{4}{7}$

⊕ 분수의 크기를 비교하여 가장 큰 수를 ○에, 가장 작은 수를 ◇에 써넣으시오.

(예시)

○ $\frac{5}{8}$

$\frac{5}{8}$ $\frac{4}{8}$ $\frac{4}{9}$ $\frac{3}{9}$

◇ $\frac{3}{9}$

❶

$\frac{2}{7}$ $\frac{6}{7}$ $\frac{5}{7}$ $\frac{3}{7}$

❷

$\frac{4}{9}$ $\frac{4}{7}$ $\frac{4}{10}$ $\frac{4}{6}$

❸

$\frac{1}{7}$ $\frac{1}{10}$ $\frac{1}{8}$ $\frac{1}{2}$

❹

$\frac{3}{7}$ $\frac{1}{2}$ $\frac{5}{7}$ $\frac{5}{6}$

❺

$\frac{2}{8}$ $\frac{3}{8}$ $\frac{1}{2}$ $\frac{4}{7}$

잘 공부했는지 알아봅시다

월 일

1 $\frac{1}{2}$보다 큰 수를 찾아 ○표 하시오.

$\frac{5}{8}$ $\frac{3}{9}$ $\frac{4}{7}$ $\frac{2}{6}$ $\frac{3}{5}$

2 ○ 안에 >, =, <를 알맞게 써넣으시오.

❶ $\frac{5}{7}$ ○ $\frac{1}{2}$ ○ $\frac{2}{5}$

❷ $\frac{2}{7}$ ○ $\frac{2}{6}$ ○ $\frac{5}{8}$

3 작은 수부터 차례로 쓰시오.

❶ $\frac{6}{7}$ $\frac{1}{2}$ $\frac{6}{8}$ $\frac{3}{7}$ $\frac{3}{8}$

□ - □ - □ - □ - □

❷ $\frac{4}{5}$ $\frac{4}{12}$ $\frac{1}{2}$ $\frac{4}{7}$ $\frac{4}{9}$

□ - □ - □ - □ - □

5 조건과 분수

561 마일스톤

◐ 조건에 맞는 두 수에 ○표 하시오.

$\frac{4}{7}$ (○표), $\frac{5}{6}$, $\frac{6}{7}$, $\frac{5}{8}$ (○표)

$\frac{5}{7}$보다 작은 수

❶ $\frac{1}{5}$, $\frac{1}{9}$, $\frac{1}{7}$, $\frac{1}{3}$

$\frac{1}{6}$보다 큰 수

❷ $\frac{3}{4}$, $\frac{4}{9}$, $\frac{4}{7}$, $\frac{2}{5}$

$\frac{1}{2}$보다 큰 수

❸ $\frac{3}{7}$, $\frac{3}{5}$, $\frac{3}{9}$, $\frac{3}{12}$

$\frac{3}{8}$보다 큰 수

❹ $\frac{2}{7}$, $\frac{4}{7}$, $\frac{5}{7}$, $\frac{1}{7}$

$\frac{3}{7}$보다 큰 수

❺ $\frac{6}{8}$, $\frac{2}{4}$, $\frac{4}{10}$, $\frac{1}{3}$

$\frac{1}{2}$보다 작은 수

빈칸에 들어갈 수 있는 세 수에 ○표 하시오.

(보기) $\square < \frac{5}{8}$

$\frac{5}{10}$ (○), $\frac{1}{2}$ (○), $\frac{5}{6}$, $\frac{6}{8}$, $\frac{3}{8}$ (○)

❶ $\square > \frac{3}{9}$

$\frac{3}{8}$, $\frac{2}{9}$, $\frac{3}{10}$, $\frac{1}{2}$, $\frac{5}{9}$

❷ $\square < \frac{1}{2}$

$\frac{4}{9}$, $\frac{6}{10}$, $\frac{3}{5}$, $\frac{1}{11}$, $\frac{2}{9}$

❸ $\frac{3}{9} < \square < \frac{6}{9}$

$\frac{1}{9}$, $\frac{5}{9}$, $\frac{1}{2}$, $\frac{4}{9}$, $\frac{2}{9}$

❹ $\frac{3}{10} < \square < \frac{3}{5}$

$\frac{3}{6}$, $\frac{3}{8}$, $\frac{3}{4}$, $\frac{1}{2}$, $\frac{3}{11}$

❺ $\frac{1}{2} < \square < \frac{7}{8}$

$\frac{6}{8}$, $\frac{3}{7}$, $\frac{4}{8}$, $\frac{5}{8}$, $\frac{7}{9}$

562 수수께끼

◐ 분수를 보고 빈칸에 알맞은 수를 써넣고, 알맞은 말에 ◯표 하시오.

$\frac{3}{7}$

- 분모는 분자보다 (큽니다, 작습니다).
- 분모와 분자의 차는 4 입니다.
- $\frac{1}{2}$보다 (큽니다 , 작습니다).

❶ $\frac{2}{9}$

- 분모는 분자보다 (큽니다 , 작습니다).
- 분모와 분자의 합은 ☐ 입니다.
- $\frac{3}{9}$보다 (큽니다 , 작습니다).

❷ $\frac{1}{6}$

- 분자는 ☐ 입니다.
- 분모는 1보다 (큽니다 , 작습니다).
- $\frac{1}{7}$보다 (큽니다 , 작습니다).

❸ $\frac{3}{4}$

- 분모에서 분자를 빼면 ☐ 입니다.
- 분모와 분자를 더하면 ☐ 입니다.
- $\frac{3}{5}$보다 (큽니다 , 작습니다).

조건을 모두 만족하는 분수를 빈칸에 써넣으시오.

$\frac{3}{5}$

- 분모와 분자를 더하면 8입니다.
- 분모가 분자보다 큽니다.
- $\frac{1}{2}$보다 큽니다.

❶ [ ]

- 분모가 7입니다.
- 분모는 분자보다 큽니다.
- $\frac{5}{7}$보다 큽니다.

❷ [ ]

- 분모와 분자의 차가 3입니다.
- 분모가 분자보다 큽니다.
- $\frac{1}{2}$과 크기가 같습니다.

❸ [ ]

- 분자가 1입니다.
- 분모는 1보다 큽니다.
- $\frac{1}{3}$보다 큽니다.

❹ [ ]

- 분모와 분자의 차가 1입니다.
- 분모가 분자보다 큽니다.
- 분모와 분자의 합이 15입니다.

❺ [ ]

- 분모와 분자의 합이 9입니다.
- 분모가 분자보다 큽니다.
- $\frac{1}{2}$보다 큽니다.

563 조건과 분수

◐ 주어진 분수를 보고 빈칸에 알맞은 분수를 써넣으시오.

$\frac{3}{11}$ $\frac{6}{11}$ $\frac{7}{11}$ $\frac{8}{11}$ $\frac{5}{11}$

분모가 11인 분수입니다.

가장 큰 수는 $\frac{8}{11}$ 이고,

가장 작은 수는 $\frac{3}{11}$ 입니다.

❶ $\frac{2}{7}$ $\frac{2}{9}$ $\frac{2}{4}$ $\frac{2}{10}$ $\frac{2}{8}$

분자가 2인 분수입니다.

가장 큰 수는 ☐ 이고

가장 작은 수는 ☐ 입니다.

❷ $\frac{2}{10}$ $\frac{4}{8}$ $\frac{3}{9}$ $\frac{1}{11}$ $\frac{5}{7}$

분모와 분자의 합이 12인 분수 입니다.

$\frac{1}{2}$과 같은 수는 ☐ 이고

$\frac{1}{2}$보다 큰 수는 ☐ 입니다.

❸ $\frac{1}{20}$ $\frac{1}{15}$ $\frac{1}{7}$ $\frac{1}{18}$ $\frac{1}{4}$

분자가 1인 분수입니다.

가장 큰 수는 ☐ 이고

가장 작은 수는 ☐ 입니다.

월 일

◆ 조건에 맞는 분수를 모두 쓰시오.

분모가 13인 분수 중 $\frac{5}{13}$보다 크고 $\frac{12}{13}$보다 작은 분수

$\frac{6}{13}$ $\frac{7}{13}$ $\frac{8}{13}$ $\frac{9}{13}$ $\frac{10}{13}$ $\frac{11}{13}$

❶ 분자가 1인 분수 중 $\frac{1}{12}$보다 크고 $\frac{1}{5}$보다 작은 분수

❷ 분모가 12인 분수 중 $\frac{4}{12}$보다 작은 분수

❸ 분자와 분모의 합이 10인 분수 중 $\frac{1}{2}$보다 작은 분수

❹ 분자가 3인 분수 중 $\frac{3}{13}$보다 크고 $\frac{3}{7}$보다 작은 분수

564 조건과 개수

◐ 조건에 맞는 수에 모두 ○표 하고, 개수를 구하시오.

조건

- 분자는 2입니다.
- $\frac{2}{10}$보다 큰 분수입니다.
- 분모는 3보다 큽니다.

$\frac{1}{2}$ $\frac{1}{3}$ $\frac{2}{3}$ ($\frac{2}{4}$) ($\frac{2}{5}$) ($\frac{2}{6}$)

($\frac{2}{7}$) ($\frac{2}{8}$) ($\frac{2}{9}$) $\frac{2}{10}$ $\frac{2}{11}$ $\frac{2}{12}$

6 개

❶ **조건**

- 분모는 10입니다.
- 분자는 분모보다 작습니다.
- $\frac{1}{2}$보다 큰 분수입니다.

$\frac{1}{9}$ $\frac{2}{9}$ $\frac{1}{10}$ $\frac{2}{10}$ $\frac{3}{10}$ $\frac{4}{10}$

$\frac{5}{10}$ $\frac{6}{10}$ $\frac{7}{10}$ $\frac{8}{10}$ $\frac{9}{10}$ $\frac{9}{11}$

☐ 개

❷ **조건**

- 분자가 1보다 큽니다.
- 분모가 6보다 작습니다.
- 분모가 분자보다 큽니다.

$\frac{1}{2}$ $\frac{1}{3}$ $\frac{2}{3}$ $\frac{1}{4}$ $\frac{2}{4}$ $\frac{3}{4}$

$\frac{1}{5}$ $\frac{2}{5}$ $\frac{3}{5}$ $\frac{4}{5}$ $\frac{1}{6}$ $\frac{2}{6}$

☐ 개

❸ **조건**

- 분모와 분자의 차가 1입니다.
- 분모가 분자보다 큽니다.
- 분자는 8보다 작습니다.

$\frac{1}{2}$ $\frac{1}{3}$ $\frac{2}{3}$ $\frac{1}{4}$ $\frac{2}{4}$ $\frac{3}{4}$

$\frac{4}{5}$ $\frac{5}{6}$ $\frac{6}{7}$ $\frac{7}{8}$ $\frac{8}{9}$ $\frac{9}{10}$

☐ 개

조건에 알맞은 분수를 모두 쓰고, 개수를 구하시오.

조건

- 분자와 분모의 합이 10보다 작습니다.
- 분모가 분자보다 큽니다.
- $\frac{1}{2}$보다 작습니다.

$\frac{1}{3}$ $\frac{1}{4}$ $\frac{1}{5}$ $\frac{2}{5}$ $\frac{1}{6}$
$\frac{2}{6}$ $\frac{1}{7}$ $\frac{2}{7}$ $\frac{1}{8}$

9 개

❶ **조건**

- 분자는 1입니다.
- 분모는 1보다 큽니다.
- $\frac{1}{12}$보다 큽니다.

□ 개

❷ **조건**

- 분모가 12입니다.
- 분자는 분모보다 작습니다.
- $\frac{3}{12}$보다 큽니다.

□ 개

❸ **조건**

- 분모가 8보다 작습니다.
- 분모가 분자보다 큽니다.
- $\frac{1}{2}$보다 큽니다.

□ 개

잘 공부했는지 알아봅시다

월 일

1 시윤이가 만든 수수께끼입니다. 수수께끼를 읽고 조건에 맞는 분수를 구하시오.

- 분모가 분자보다 큽니다.
- 분모와 분자의 합이 12입니다.
- $\frac{1}{2}$보다 큽니다.

2 빈칸에 들어갈 수 있는 수를 모두 찾아 ○표 하시오.

$$\frac{7}{9} > \square > \frac{7}{16}$$

$\frac{1}{2}$ $\frac{7}{8}$ $\frac{5}{16}$ $\frac{8}{16}$ $\frac{7}{15}$

3 조건에 맞은 분수를 모두 쓰시오.

❶ 조건

- 분모가 분자보다 큽니다.
- 분모는 9입니다.
- $\frac{1}{2}$보다 작은 수입니다.

❷ 조건

- 분모와 분자의 합은 15입니다.
- $\frac{1}{2}$보다 큰 분수입니다.
- 분모가 분자보다 큽니다.

6 소수

565 분수와 소수

◐ 색칠한 부분의 크기를 분수와 소수로 나타내시오.

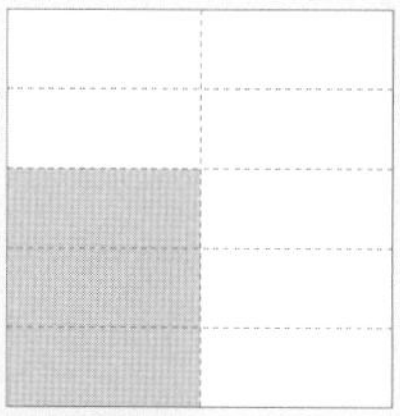

분수	$\frac{3}{10}$
소수	0.3

❶

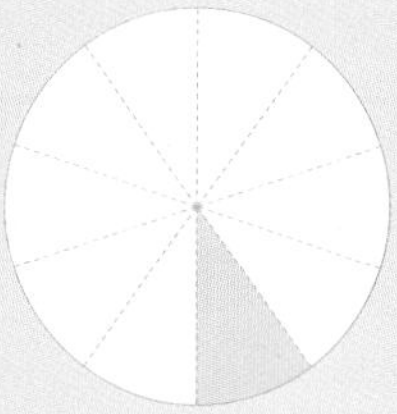

분수	
소수	

❷

분수	
소수	

❸

분수	
소수	

❹

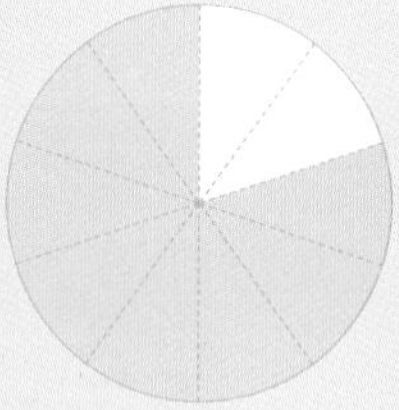

분수	
소수	

❺

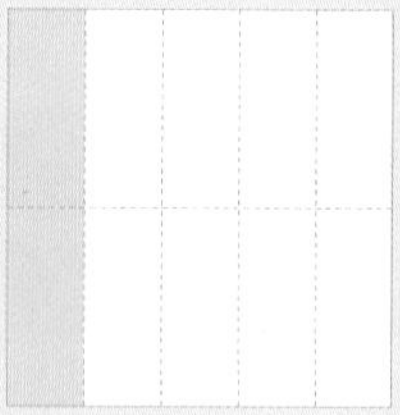

분수	
소수	

❻

분수	
소수	

❼

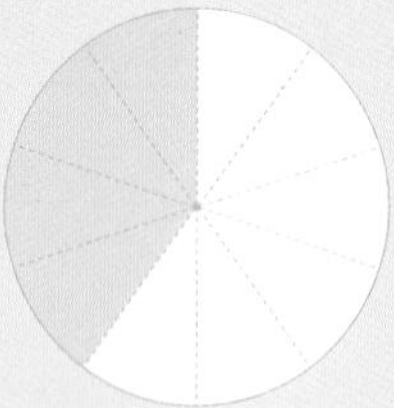

분수	
소수	

❽

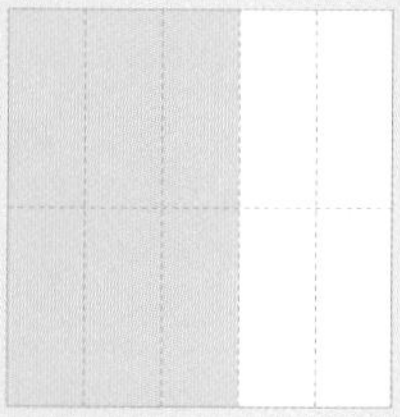

분수	
소수	

● 분수만큼 색칠하고 소수로 나타내시오.

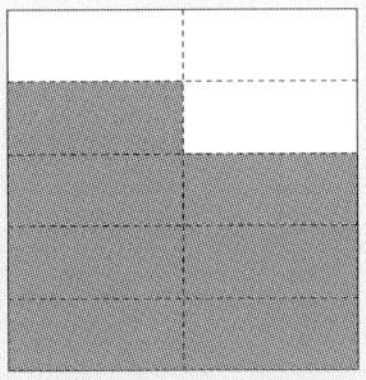

$\frac{7}{10}$ = 0.7

❶

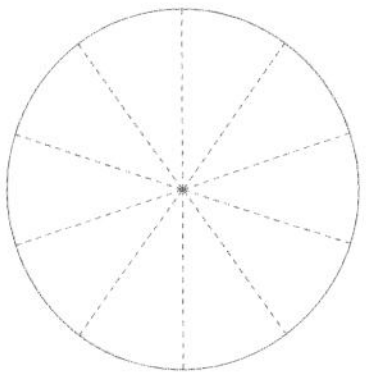

$\frac{5}{10}$ = ☐

❷

$\frac{8}{10}$ = ☐

❸

$\frac{3}{10}$ = ☐

❹

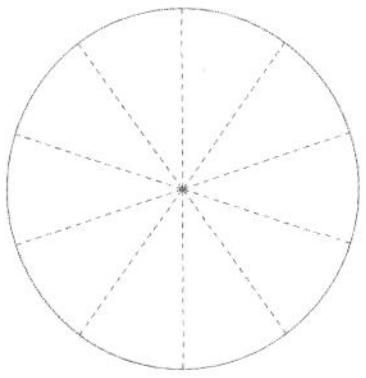

$\frac{1}{10}$ = ☐

❺

$\frac{6}{10}$ = ☐

❻

$\frac{9}{10}$ = ☐

❼

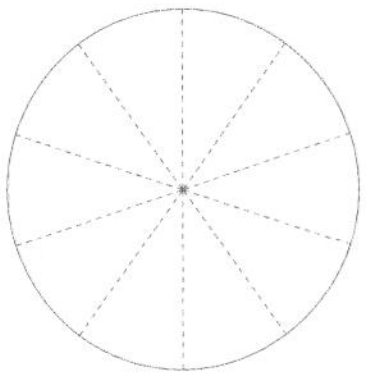

$\frac{4}{10}$ = ☐

❽

$\frac{2}{10}$ = ☐

566 소수로 나타내기

◐ 그림을 보고 소수로 나타내시오.

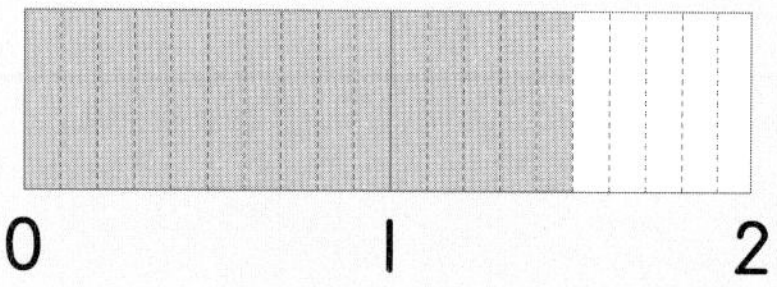

1.5

❶

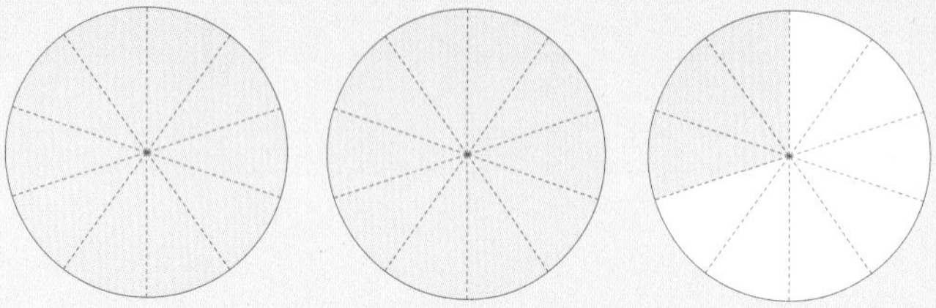

❷

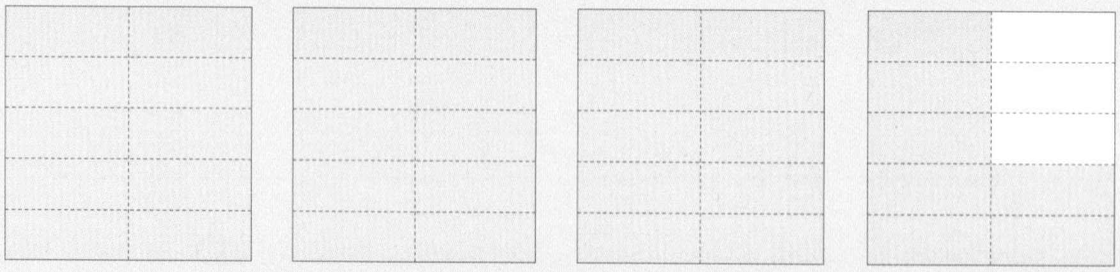

❸

❹

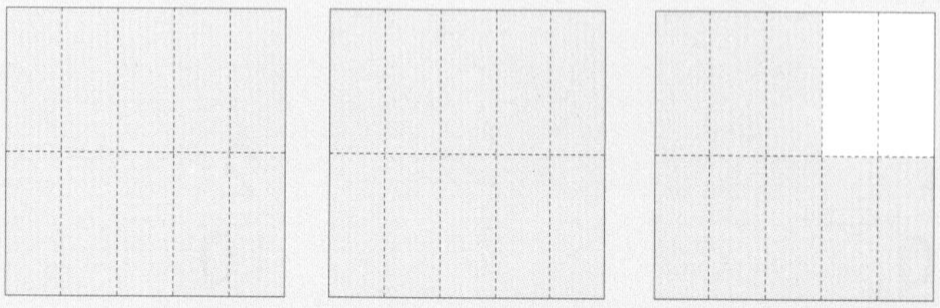

⊕ 분수만큼 색칠하고 소수로 나타내시오.

2와 $\frac{4}{10}$

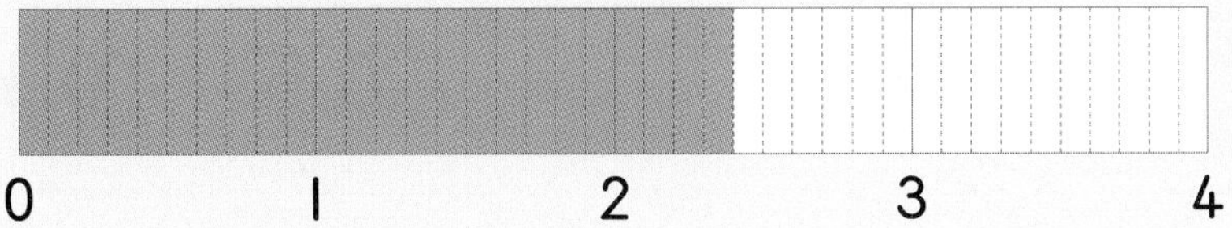

2.4

❶ 3과 $\frac{2}{10}$

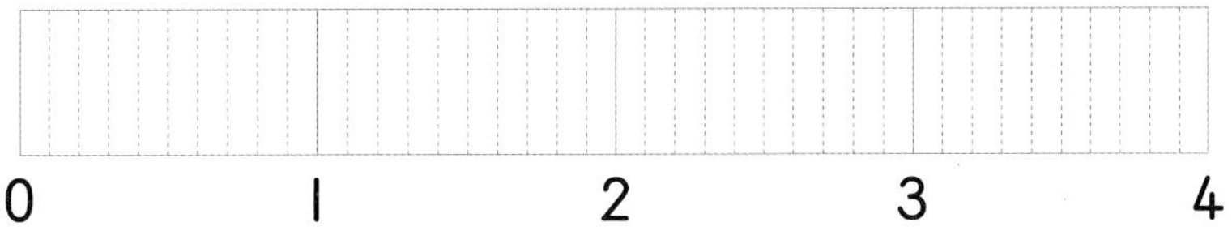

❷ 1과 $\frac{6}{10}$

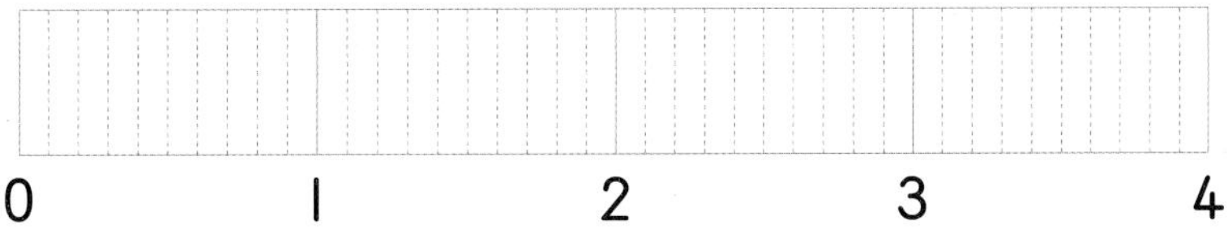

❸ 3과 $\frac{7}{10}$

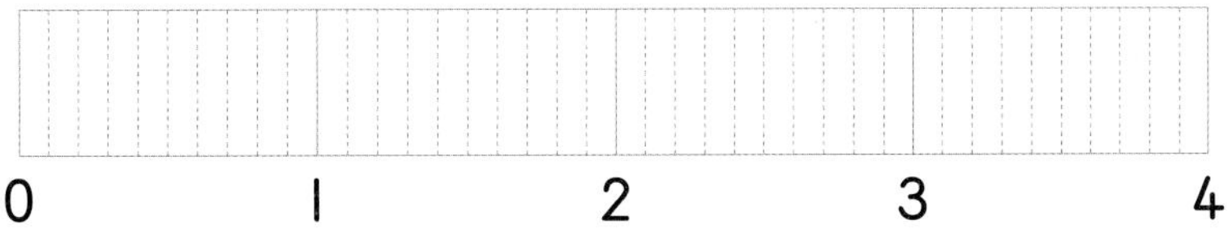

❹ 2와 $\frac{9}{10}$

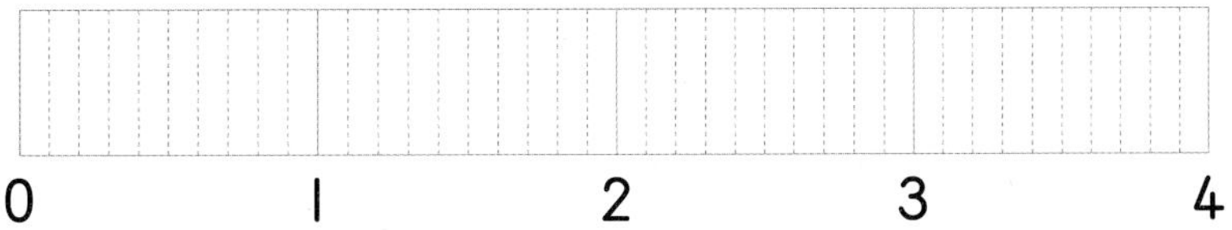

567 선긋기

◐ 관계있는 것끼리 선으로 이으시오.

0.4 0.7 0.6

$\frac{4}{10}$ $\frac{6}{10}$ $\frac{7}{10}$

영점 육 영점 사 영점 칠

❶

0.5 0.1 0.9

$\frac{5}{10}$ $\frac{9}{10}$ $\frac{1}{10}$

영점 구 영점 오 영점 일

❷

0.8 0.6 0.2

$\frac{2}{10}$ $\frac{6}{10}$ $\frac{8}{10}$

영점 이 영점 팔 영점 육

❸

0.7 0.3 0.4

$\frac{3}{10}$ $\frac{7}{10}$ $\frac{4}{10}$

영점 사 영점 삼 영점 칠

◆ 관계있는 것을 찾아 선을 그으시오.

(예시) 0.9 — $\frac{9}{10}$, 영점 육, $\frac{7}{10}$, 영점 구

❶ 영점 칠 — 0.8, $\frac{7}{10}$, 0.7, $\frac{4}{10}$

❷ $\frac{3}{10}$ — 영점 오, 0.3, 영점 삼, 0.6

❸ 0.5 — $\frac{5}{10}$, 영점 육, $\frac{4}{10}$, 영점 오

❹ 영점 사 — 0.7, $\frac{3}{10}$, 0.4, $\frac{4}{10}$

❺ $\frac{6}{10}$ — 영점 육, 0.6, 영점 오, 0.8

❻ 0.2 — $\frac{2}{10}$, 영점 칠, $\frac{3}{10}$, 영점 이

❼ 영점 팔 — 0.6, $\frac{8}{10}$, 0.8, $\frac{9}{10}$

❽ $\frac{1}{10}$ — 영점 이, 0.1, 영점 일, 0.7

❾ 0.7 — $\frac{7}{10}$, 영점 칠, $\frac{1}{10}$, 영점 이

568 색 테이프

◐ 길이를 구하시오.

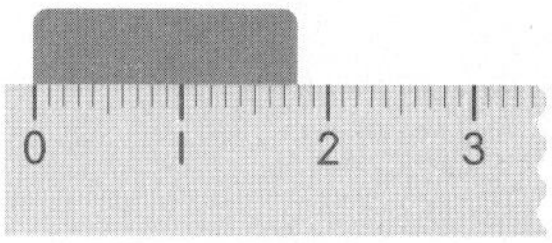

1 cm 8 mm

= 18 mm

= 1.8 cm

❶

□ cm □ mm

= □ mm

= □ cm

❷

□ cm □ mm

= □ mm

= □ cm

❸

□ cm □ mm

= □ mm

= □ cm

❹

□ cm □ mm

= □ mm

= □ cm

❺

□ cm □ mm

= □ mm

= □ cm

❻

□ cm □ mm

= □ mm

= □ cm

❼

□ cm □ mm

= □ mm

= □ cm

❽

□ cm □ mm

= □ mm

= □ cm

□ 안에 알맞은 수를 써넣으시오.

5cm 3mm
= 53 mm
= 5.3 cm

❶ 3cm 7mm
= □mm
= □cm

❷ 8cm 9mm
= □mm
= □cm

❸ 36mm
= □cm □mm
= □cm

❹ 21mm
= □cm □mm
= □cm

❺ 45mm
= □cm □mm
= □cm

❻ 5.4cm
= □cm □mm
= □mm

❼ 8.3cm
= □cm □mm
= □mm

❽ 6.5cm
= □cm □mm
= □mm

❾ 72mm
= □cm □mm
= □cm

❿ 58mm
= □cm □mm
= □cm

⓫ 97mm
= □cm □mm
= □cm

잘 공부했는지 알아봅시다

월 일

1 소수만큼 색칠하시오.

❶ 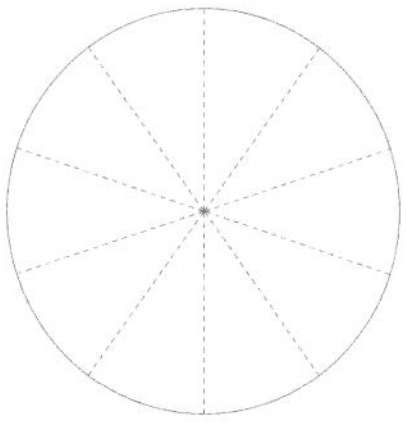

0.8

❷ 

0.3

2 그림을 보고 소수로 나타내시오.

❶ 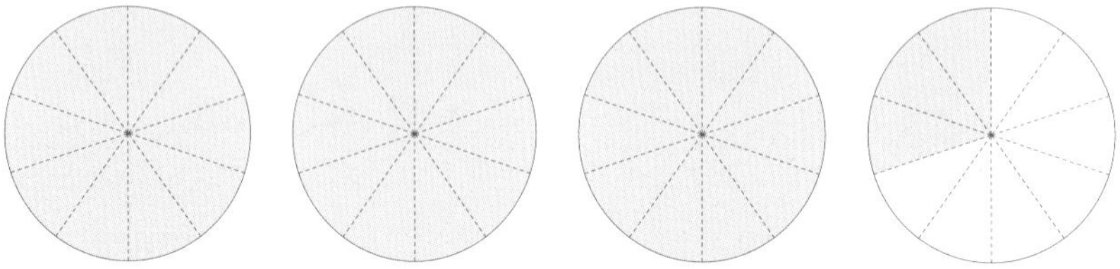

❷ 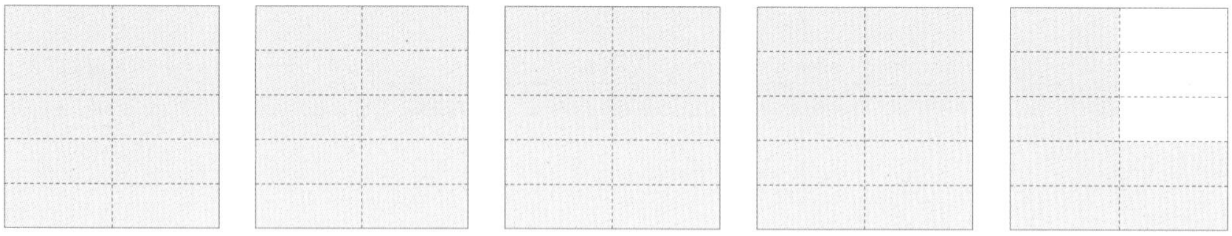

3 관계있는 것끼리 선으로 이으시오.

86mm	64mm	91mm	37mm
3cm 7mm	9cm 1mm	8cm 6mm	6cm 4mm
6.4cm	8.6cm	3.7cm	9.1cm

7 소수의 크기 비교

569 순소수의 크기 비교

◑ 소수만큼 색칠하고 ○ 안에 >, =, <를 알맞게 써넣으시오.

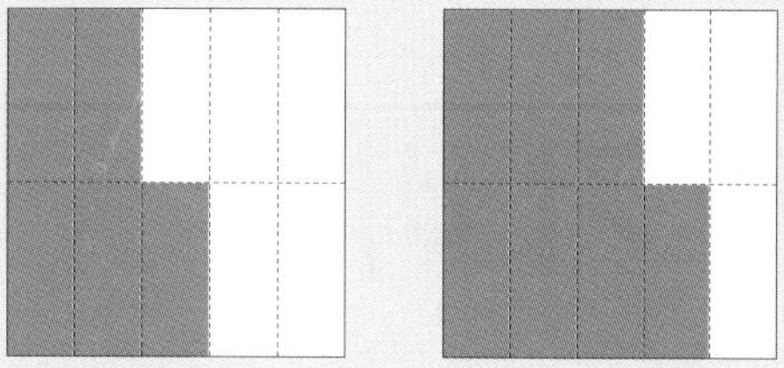

0.5 (<) 0.7

❶

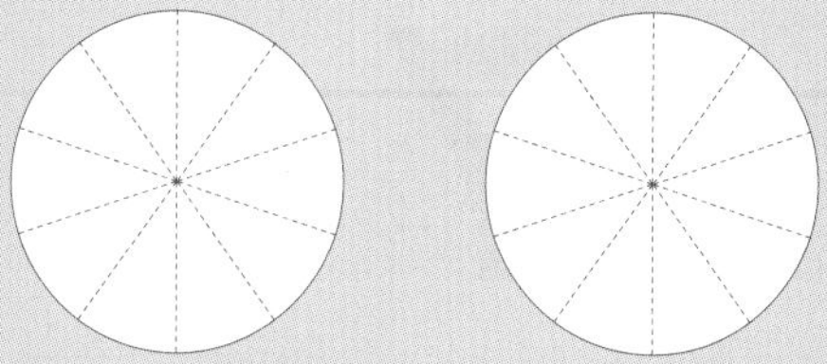

0.8 ○ 0.6

❷

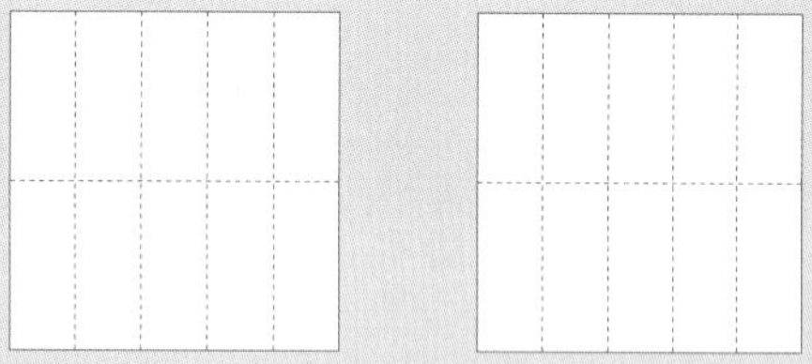

0.8 ○ 0.4

❸

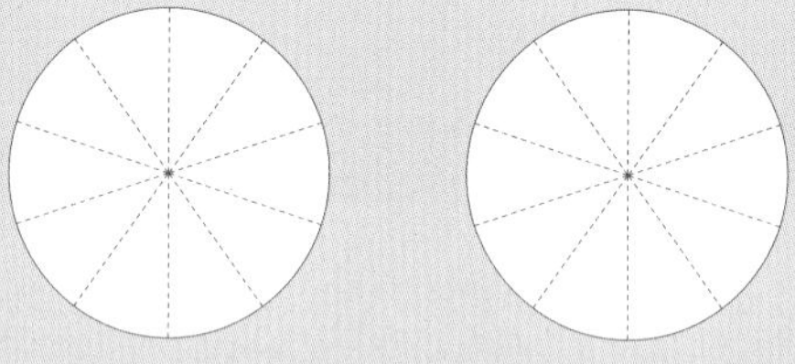

0.3 ○ 0.4

❹

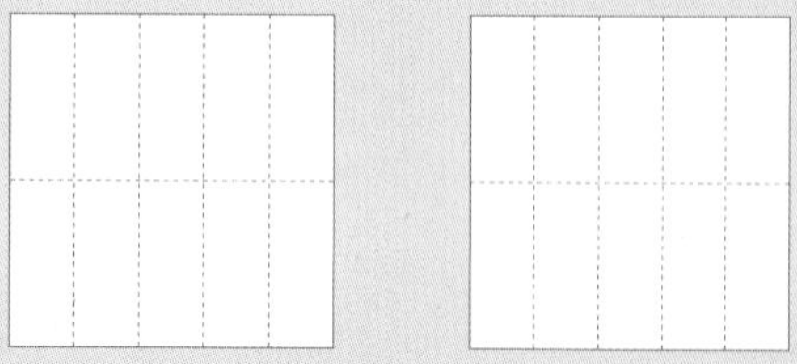

0.6 ○ 0.9

❺

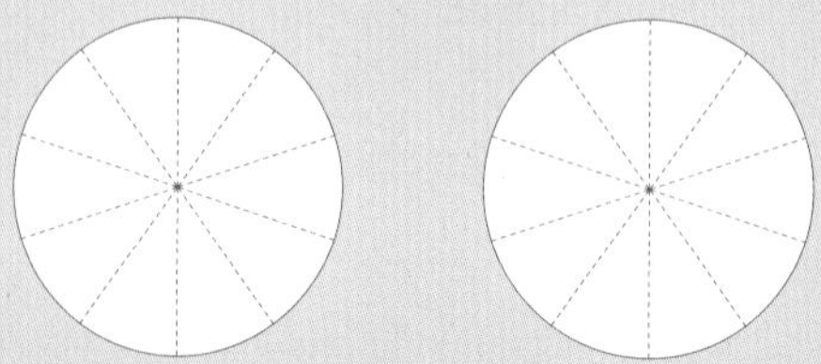

0.7 ○ 0.2

월 일

두 수의 크기를 비교하여 ○ 안에 >, =, <를 알맞게 써넣으시오.

0.4 (<) 0.1이 7개인 수

❶ 0.1이 5개인 수 ○ $\frac{1}{10}$이 5개인 수

❷ 0.3 ○ $\frac{1}{10}$이 3개인 수

❸ $\frac{1}{10}$이 4개인 수 ○ 0.1이 5개인 수

❹ 0.6 ○ 0.1이 4개인 수

❺ $\frac{1}{10}$이 7개인 수 ○ 0.1이 6개인 수

❻ 0.8 ○ $\frac{1}{10}$이 5개인 수

❼ 0.1이 2개인 수 ○ 0.1이 8개인 수

❽ 0.8 ○ 0.1이 9개인 수

❾ 0.1이 3개인 수 ○ $\frac{1}{10}$이 6개인 수

❿ 0.9 ○ 0.1이 8개인 수

⓫ 0.1이 7개인 수 ○ $\frac{1}{10}$이 7개인 수

⓬ 0.2 ○ 0.1이 2개인 수

⓭ 0.1이 1개인 수 ○ $\frac{1}{10}$이 4개인 수

⓮ 0.3 ○ $\frac{1}{10}$이 6개인 수

⓯ $\frac{1}{10}$이 9개인 수 ○ 0.1이 8개인 수

570 대소수의 크기 비교

◐ 소수만큼 색칠하고, ○ 안에 >, =, <를 알맞게 써넣으시오.

1.8 (<) 2.5

❶
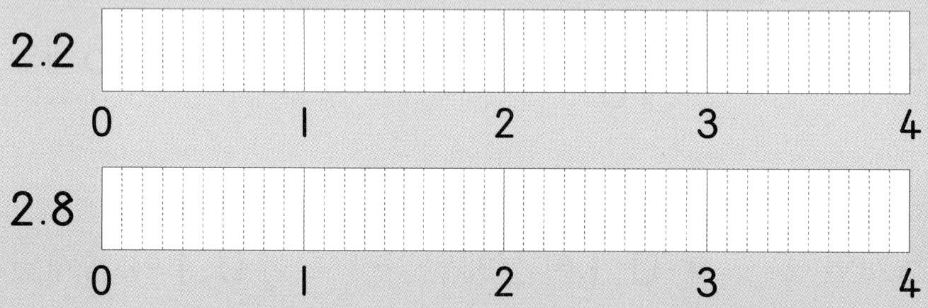

2.2 ○ 2.8

❷
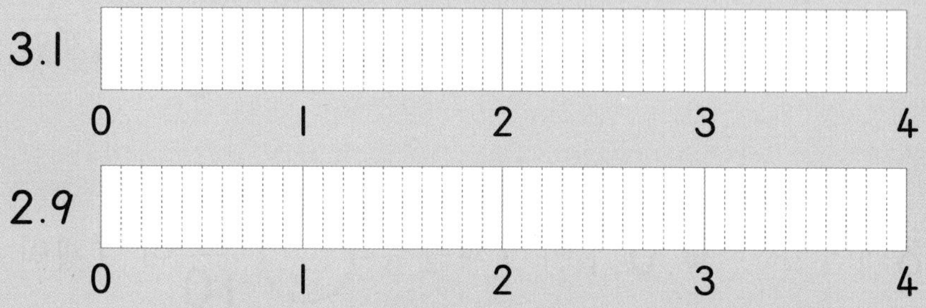

3.1 ○ 2.9

❸
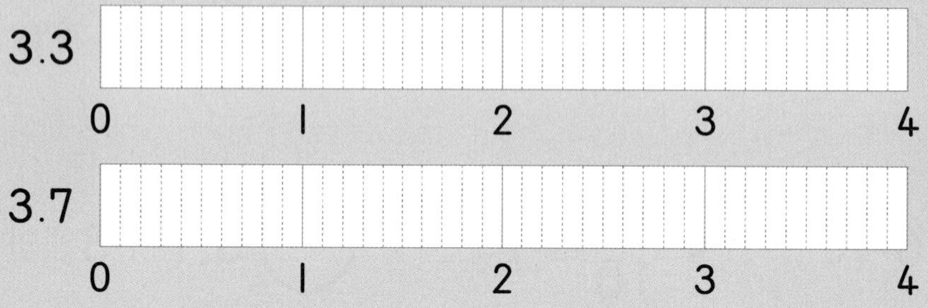

3.3 ○ 3.7

✚ 두 수의 크기를 비교하여 ○ 안에 >, =, <를 알맞게 써넣으시오.

3.9 (>) 3과 $\frac{2}{10}$

❶ 3.5 ○ 0.1이 27개인 수

❷ 7.5 ○ 7과 $\frac{8}{10}$

❸ 6.3 ○ 6과 0.3만큼의 수

❹ 5.2 ○ 5와 $\frac{4}{10}$

❺ 8.4 ○ 0.1이 81개인 수

❻ 4.3 ○ 4와 $\frac{6}{10}$

❼ 9.5 ○ 0.1이 96개인 수

❽ 6과 $\frac{8}{10}$ ○ 4와 0.7만큼의 수

❾ 0.1이 73개인 수 ○ 0.1이 89개인 수

❿ 4와 0.3만큼의 수 ○ $\frac{1}{10}$이 37개인 수

⓫ 0.1이 31개인 수 ○ $\frac{1}{10}$이 46개인 수

⓬ 9와 0.3만큼의 수 ○ $\frac{1}{10}$이 78개인 수

571 가장 큰 소수 가장 작은 소수

◐ 가장 큰 수에 ○표, 가장 작은 수에 △표 하시오.

0.3 △(0.1) ○(0.6)

❶ 0.6 0.8 0.5

❷ 2.7 3.3 2.9

❸ 2.4 2.1 1.9

❹ 0.9 1.8 2.2

❺ 4.8 8.7 5.6

❻ 1.2 0.5 0.9

❼ 6.8 5.7 6.5

❽ 0.7 1.2 3.2

❾ 8.2 6.9 2.8

❿ 5.3 9.1 4.6

⓫ 7.3 5.9 7.4

◆ 작은 수부터 차례로 쓰시오.

0.7	5.2	0.5	1.4	1.8

0.5 — 0.7 — 1.4 — 1.8 — 5.2

❶

0.9	0.3	0.6	0.1	0.5

☐ — ☐ — ☐ — ☐ — ☐

❷

3.4	2.7	1.5	2.3	2.8

☐ — ☐ — ☐ — ☐ — ☐

❸

5.7	4.2	6.8	3.9	2.2

☐ — ☐ — ☐ — ☐ — ☐

❹

3.1	2.7	0.8	9.3	1.7

☐ — ☐ — ☐ — ☐ — ☐

572 네모 대소

◐ □ 안에 들어갈 수 있는 수를 모두 찾아 ○표 하시오.

$0.7 < 0.\square$

5 6 7 ⑧ ⑨

❶ $0.\square > 0.6$

4 5 6 7 8

❷ $4.5 > \square.3$

2 3 4 5 6

❸ $5.\square < 5.7$

5 6 7 8 9

❹ $7.5 < \square.2$

5 6 7 8 9

❺ $9.\square > 9.4$

2 3 4 5 6

❻ $6.5 > 6.\square$

2 3 4 5 6

❼ $\square.7 < 4.6$

1 2 3 4 5

월 일

□ 안에 들어갈 수 있는 수를 모두 찾아 ○표 하시오.

1.2 < 1.□ < 1.5

1 2 ③ ④ 5

❶ 0.6 > 0.□ > 0.3

2 3 4 5 6

❷ 3.7 > 3.□ > 3.4

3 4 5 6 7

❸ 1.7 < □.6 < 5.5

1 2 3 4 5

❹ 6.3 > □.3 > 3.1

2 3 4 5 6

❺ 6.9 < 7.□ < 7.4

1 2 3 4 5

❻ 0.4 < 0.□ < 0.7

3 4 5 6 7

❼ 2.8 < 3.□ < 3.3

1 2 3 4 5

잘 공부했는지 알아봅시다

월　　일

1 소수만큼 색칠하고, ○ 안에 $>$, $=$, $<$를 알맞게 써넣으시오.

2.7
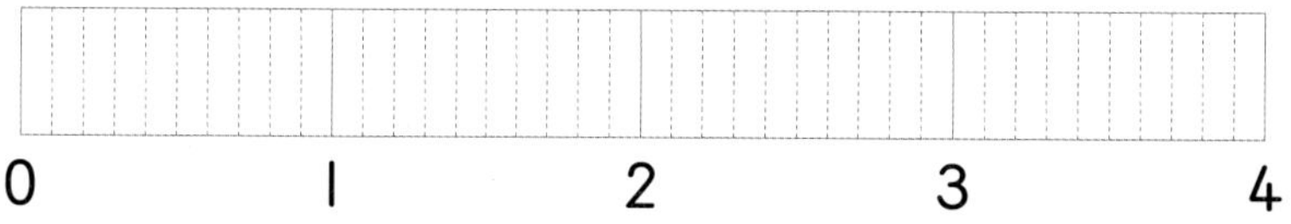

3.3
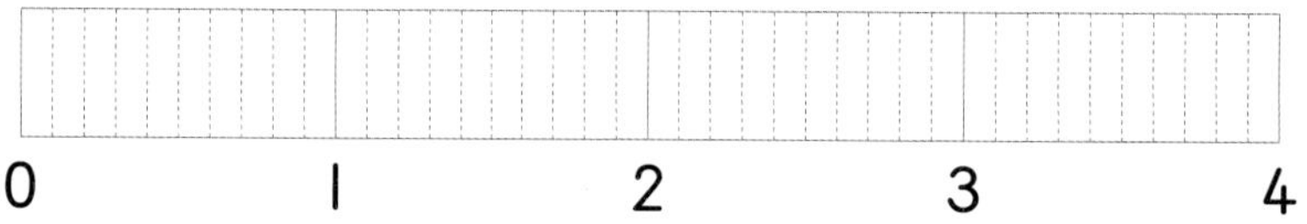

2.7 ○ 3.3

2 가장 큰 수에 ○표, 가장 작은 수에 △표 하시오.

0.1이 37개인 수	6과 $\frac{3}{10}$	5.7
$\frac{1}{10}$이 65개인 수	4와 0.2만큼의 수	5와 $\frac{1}{10}$

3 0.8보다 큰 수를 찾아 모두 쓰시오.

2.4　$\frac{4}{10}$　0.6　$\frac{9}{10}$　3.7

4 □ 안에 들어갈 수 있는 수를 모두 찾아 ○표 하시오.

❶ $5.7 < \square.6 < 9.1$

4　5　6　7　8　9

❷ $6.4 < \square.8 < 8.9$

3　4　5　6　7　8

8 문해결 소수

573 소수 계단

◐ 숫자 카드를 두 장씩 사용하여 만든 소수 한 자리 수를 작은 수부터 밑에서부터 쓰시오.

5 2 1

5.2
5.1
2.5
2.1
1.5
1.2

❶ 6 8 3

( )
8.3
( )
6.3
3.8
( )

❷ 4 1 7

( )
( )
4.7
4.1
( )
1.4

❸ 2 9 3

9.3
( )
3.9
( )
( )
2.3

◆ 숫자 카드를 두 장씩 사용하여 만든 소수 한 자리 수를 작은 수부터 밑에서부터 쓰시오.

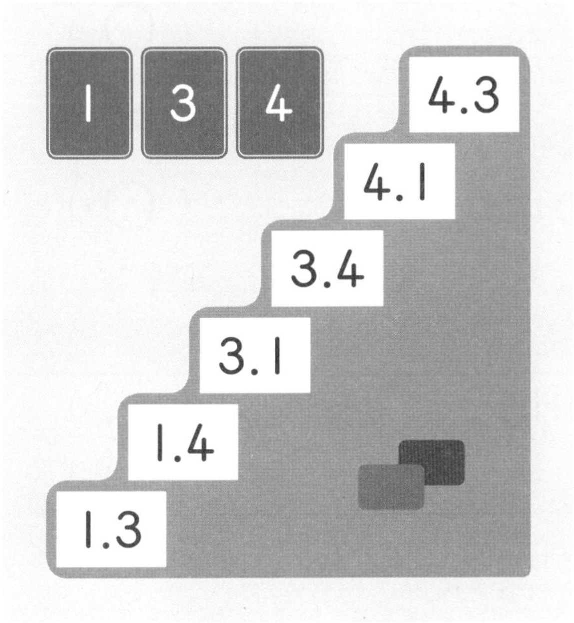

❶

❷

❸

574 조건과 소수

◐ 소수를 보고 맞으면 ○표, 틀리면 ×표 하시오.

0.7		
	0.1과 0.8 사이의 수입니다.	(○)
	$\frac{5}{10}$보다 작은 수입니다.	(×)
	0.1이 6개인 수보다 큰 수입니다.	(○)

❶

0.2		
	0.1이 4개인 수보다 작은 수입니다.	(　　)
	0.1과 0.9 사이의 수입니다.	(　　)
	$\frac{1}{10}$이 3개인 수보다 큰 수입니다.	(　　)

❷

3.6		
	$\frac{1}{10}$이 40개인 수보다 작은 수입니다.	(　　)
	3과 $\frac{5}{10}$인 수보다 작은 수입니다.	(　　)
	3과 0.6 만큼의 수입니다.	(　　)

❸

8.1		
	8과 $\frac{2}{10}$인 수보다 큰 수입니다.	(　　)
	7.9와 8.5 사이의 수입니다.	(　　)
	0.1이 80개인 수보다 큰 수입니다.	(　　)

주어진 조건에 맞는 소수 한 자리 수를 빈칸에 써넣으시오.

조건

- 0.1과 0.5 사이의 수입니다.
- 0.1이 3개인 수보다 큰 수입니다.

0.4

❶ **조건**

- $\frac{1}{10}$이 17개인 수보다 큰 수입니다.
- 1.9보다 작은 수입니다.

❷ **조건**

- 5와 $\frac{8}{10}$인 수보다 작은 수입니다.
- 0.1이 56개인 수와 0.1이 59개인 수 사이의 수입니다.

❸ **조건**

- 2.5와 2.8 사이의 수입니다.
- 2와 0.6만큼의 수와 $\frac{1}{10}$이 29개인 수 사이의 수입니다.

❹ **조건**

- $\frac{1}{10}$이 31개인 수와 $\frac{1}{10}$이 34개인 수 사이의 수입니다.
- 0.1이 33개인 수보다 작은 수입니다.

❺ **조건**

- 8과 0.1만큼의 수보다 큰 수입니다.
- 7과 $\frac{8}{10}$인 수와 8.3 사이의 수입니다.

575 길이와 소수

◐ 길이에 맞게 빈칸에 알맞게 써넣으시오.

0.7cm
1.4cm
1.6cm
2.1cm

1.4cm	1.6cm
0.7cm	2.1cm

❶

1.7cm	2.4cm
0.9cm	1.5cm

❷

2.6cm	0.8cm
3.1cm	1.4cm

❸

1.3cm	0.6cm
3.3cm	2.8cm

⊕ 길이에 맞게 빈칸에 알맞게 써넣으시오.

	14mm
	9mm
	1cm 6mm
	1.8cm

1cm 6mm　1.8cm　9mm　14mm

❶

2.3cm　1cm 8mm　7mm　25mm

❷

5mm　2.7cm　15mm　3cm 2mm

❸

2.6cm　19mm　2cm 1mm　3.1cm

576 한 식 문장제

◐ 문제를 읽고 답을 쓰시오.

민국이의 50m 달리기 기록은 9.2초이고, 현우의 기록은 8.8초입니다. 더 빨리 달린 사람은 누구입니까?

현우

❶ 고양이의 무게는 1.9kg이고, 강아지의 무게는 2.2kg입니다. 더 가벼운 동물은 무엇입니까?

____

❷ 지현이는 우유를 0.4L, 은희는 0.7L 마셨습니다. 우유를 더 많이 마신 사람은 누구입니까?

____

❸ 어버이날 선물을 포장하기 위하여 민정이는 9.2cm, 민정이의 오빠는 8cm 7mm의 리본을 사용했습니다. 누가 리본을 더 많이 사용했습니까?

____

❹ 민희와 정우는 동시에 숙제를 시작했습니다. 숙제를 끝마치는데 민희는 2.3시간, 정우는 1.9시간이 걸렸습니다. 숙제를 더 빨리 끝낸 사람은 누구입니까?

____

⊕ 문제를 읽고 답을 쓰시오.

영희의 책가방의 무게는 1.2kg, 민지의 책가방의 무게는 0.9kg, 시윤이의 책가방의 무게는 1.3kg입니다. 누구의 책가방이 가장 가볍습니까?

민지

❶ 혜윤, 지훈, 은주의 키를 1년마다 기록하고 있습니다. 작년보다 혜윤이는 21mm, 지훈이는 2.8cm, 은주는 2cm 5mm 자랐습니다. 키가 가장 많이 자란 사람은 누구입니까?

____

❷ 설악산의 높이는 1.7km, 한라산은 1.9km, 백두산은 2.7km입니다. 높이가 가장 낮은 산은 어느 산입니까?

____

❸ 어느 해 12월에 내린 눈의 양을 기록한 것입니다. 12월 2일 15mm, 12월 17일 3cm 1mm, 12월 22일 2.7cm가 내렸습니다. 눈이 가장 많이 내린 날은 12월 며칠입니까?

____

❹ 미술 시간에 상석이네 반 친구들은 찰흙으로 여러 가지 동물을 만들었습니다. 사용한 찰흙의 양은 상석이가 2.2kg, 성준이는 1.5kg, 세환이는 2.9kg입니다. 찰흙을 가장 적게 사용한 사람은 누구입니까?

____

잘 공부했는지 알아봅시다

월 일

1 조건에 맞는 소수 한 자리 수를 □ 안에 써넣으시오.

- 6.5와 7.3 사이의 수입니다.
- 6과 $\frac{8}{10}$보다 크고 7과 $\frac{3}{10}$보다 작은 수 입니다.
- $\frac{1}{10}$이 71개인 수보다 큰 수입니다.

—□

2 석우, 은영이, 은주는 과수원에서 귤을 땄습니다. 석우는 6.4kg, 은영이는 5.7kg, 은주는 7.1kg의 귤을 땄다면, 귤을 가장 많인 딴 사람은 누구입니까?

3 미술 시간에 사용한 종이테이프의 길이입니다. 종이테이프를 가장 많이 사용한 사람은 누구입니까?

영지 : 5.2cm	현민 : 63mm
은철 : 3cm 8mm	민우 : 5.9cm

4 지원이는 생일에 친구들과 케이크를 먹었습니다. 지원이가 케이크의 $\frac{1}{10}$만큼, 영아가 0.2만큼, 민석이가 $\frac{4}{10}$만큼, 태현이가 0.3만큼 먹었습니다. 케이크를 많이 먹은 사람부터 순서대로 쓰시오.

MEMO

MEMO

NE 능률

초등영어 리딩이 된다

Basic 1~4

Jump 1~4

엄마의 부담은 덜고
아이의 실력은 높이는 우리집 리딩 시간!

아이의 영어 실력이 궁금하다면?

QR코드 찍고 무료 레벨테스트 참여하기

www.nebooks.co.kr/
leveltest

이해가 잘 된다

수학, 과학부터 음악, 미술까지.
학교에서 배운 내용으로 영어 리딩을!

지도가 잘 된다

문법해설, 음원, 영상이 모두 담긴
모바일 티칭 가이드로 수업을 편리하게!

실력이 완성된다

저학년부터 고학년까지,
Words수 별 단계별 학습으로 초등 영어 끝!

사고셈

정답 및 해설
Guide Book

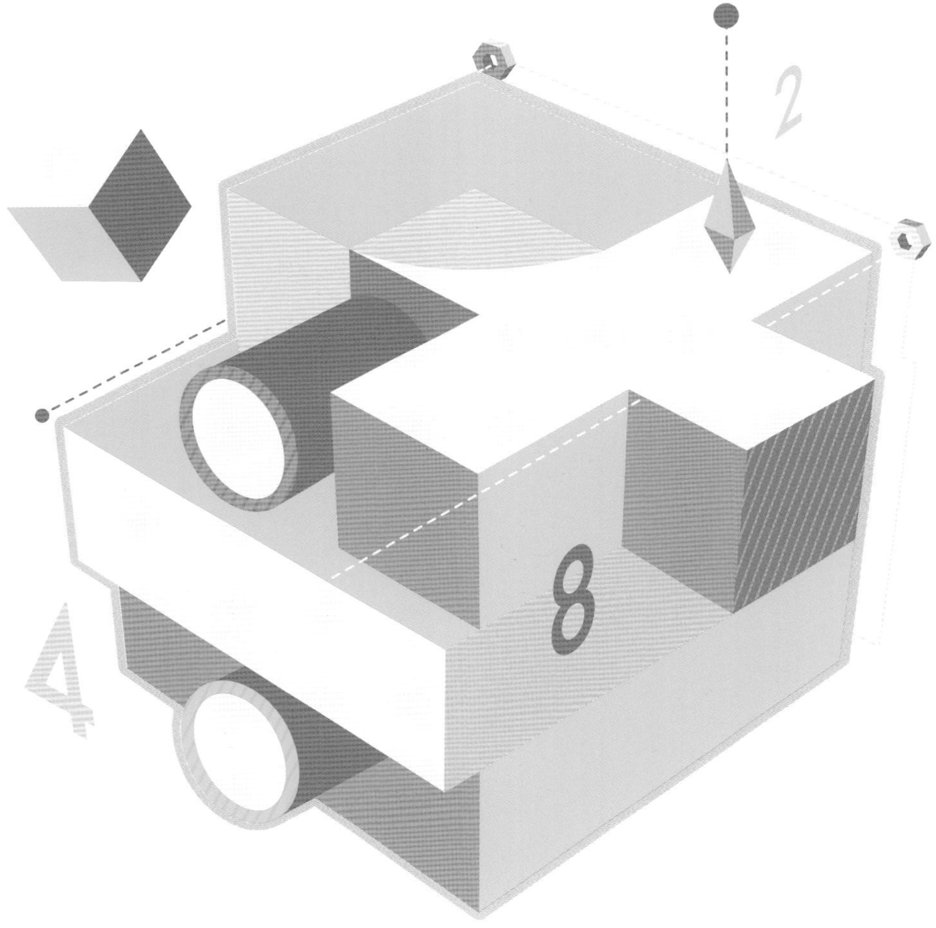

초등3 2호

분수와 소수의 기초

NE 능률

545 똑같이 둘로 나누기

◐ 똑같이 둘로 나누어진 것에 ○표 하시오.

- 보기: ( ) (○)
- ❶ (○) ( )
- ❷ ( ) (○)
- ❸ ( ) (○)
- ❹ (○) ( )
- ❺ (○) ( )
- ❻ ( ) (○)
- ❼ (○) ( )

도형을 똑같이 나눌 때에는, 도형에서 나누어진 부분들의 크기와 모양이 똑같은 것으로 부분들을 겹쳐보았을 때, 완전히 포개어져야 합니다.

◑ 주어진 점에서 시작하여 똑같이 둘로 나누어 보시오.

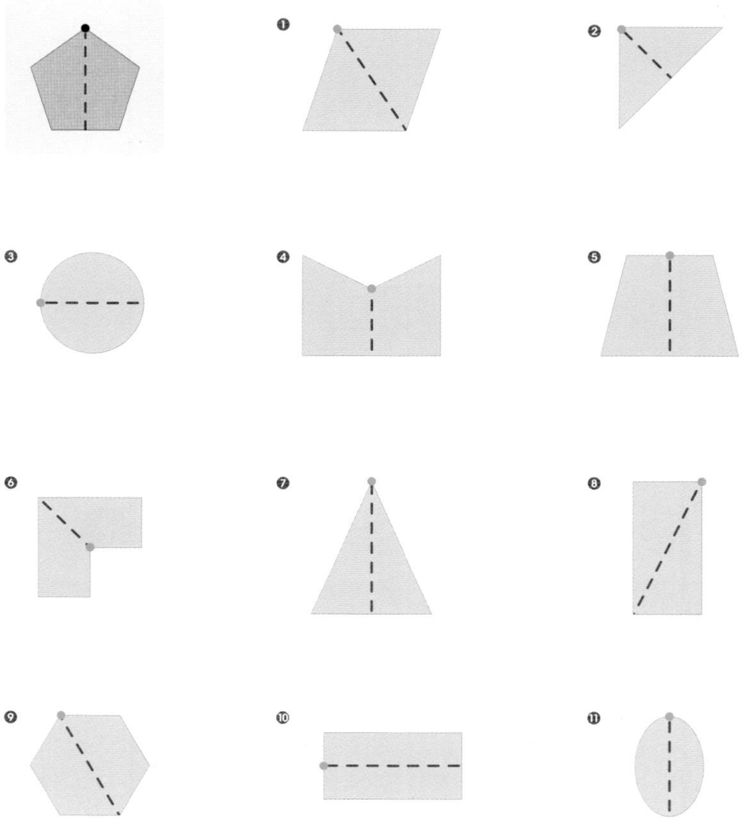

546 똑같이 나누기

◐ 똑같이 ■안의 수로 나누어진 것에 ✓표 하시오.

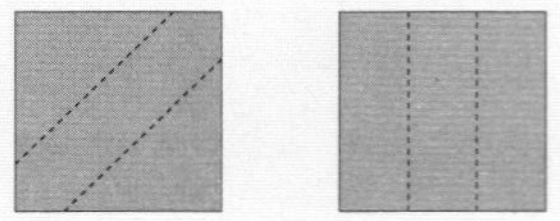

	3	✓

❶

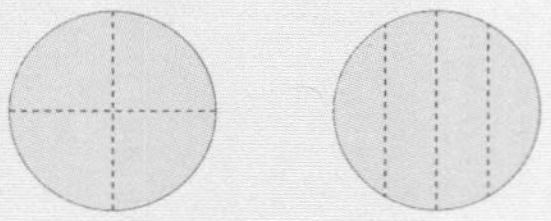

✓	4	

❷

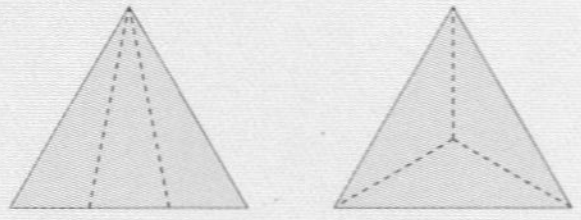

	3	✓

❸

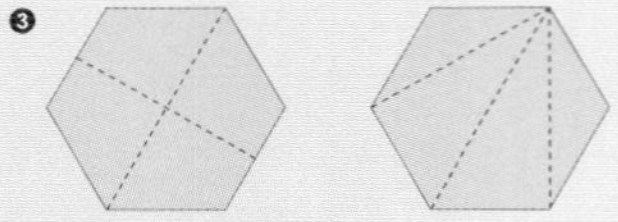

✓	4	

❹

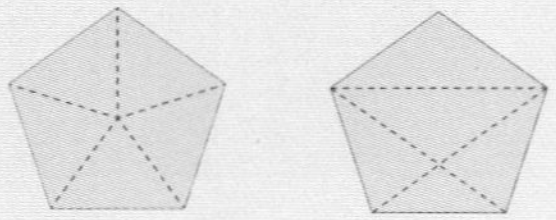

✓	5	

❺

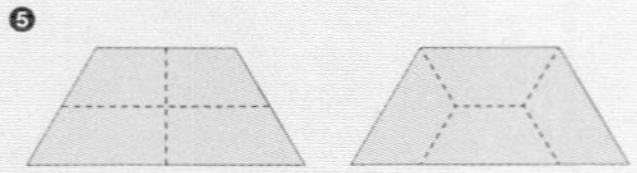

	4	✓

월 일

◑ 점을 이어 ●안의 수만큼 똑같이 나누어 보시오.

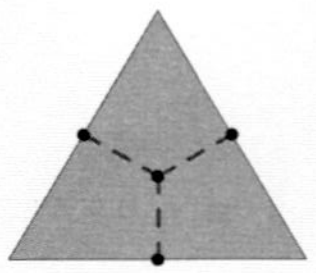

3

❶

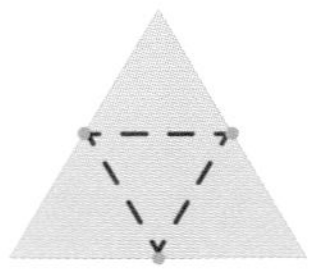

4

❷

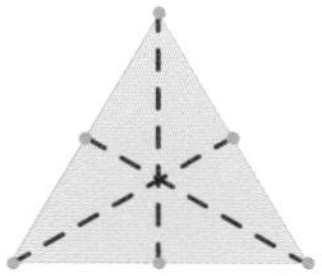

6

❸

2

❹

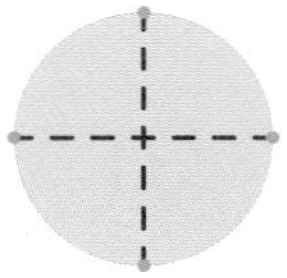

4

❺

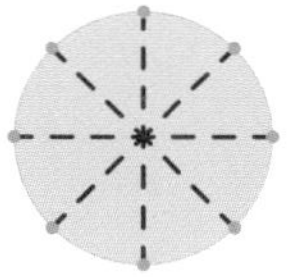

8

❻

3

❼

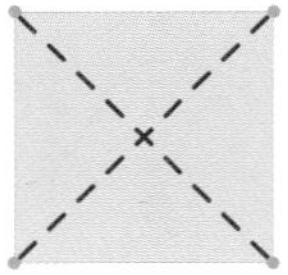

4

❽

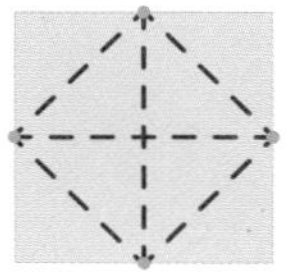

8

색칠한 부분

◐ 알맞게 색칠하시오.

색칠한 칸의 수가 같으면 색칠한 칸의 위치가 달라도 정답입니다.

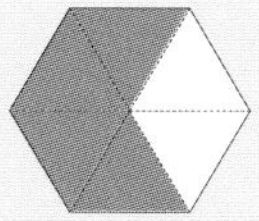

전체를 똑같이 6으로 나눈 것 중의 4

❶
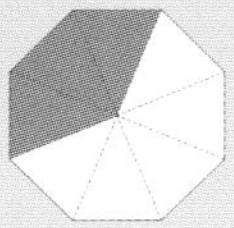

전체를 똑같이 8로 나눈 것 중의 3

❷
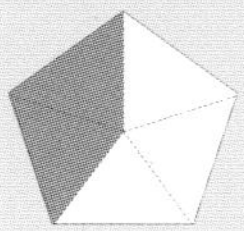

전체를 똑같이 5로 나눈 것 중의 2

❸
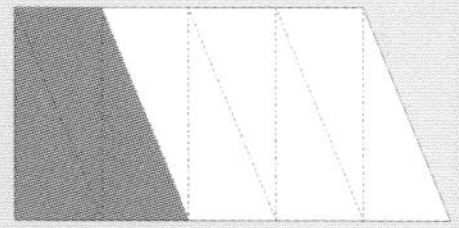

전체를 똑같이 9로 나눈 것 중의 3

❹

전체를 똑같이 6으로 나눈 것 중의 5

❺
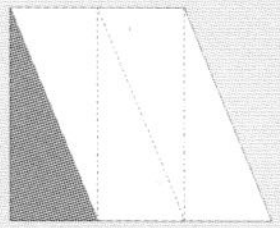

전체를 똑같이 5로 나눈 것 중의 1

❻
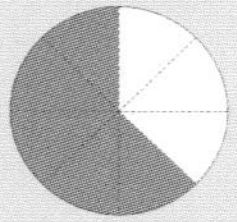

전체를 똑같이 8로 나눈 것 중의 5

❼
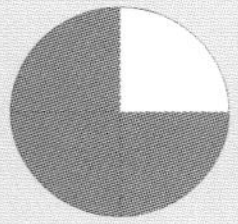

전체를 똑같이 4로 나눈 것 중의 3

❽
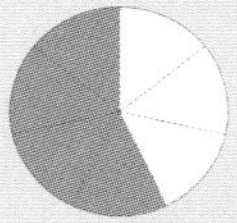

전체를 똑같이 7로 나눈 것 중의 4

◐ 그림을 보고 빈칸에 알맞은 수를 써넣으시오.

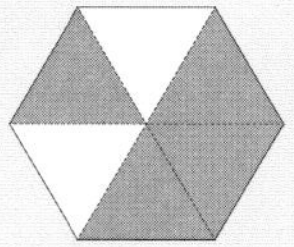

색칠된 부분은 전체를 똑같이 [6]으로 나눈 것 중의 [4]입니다.

❶
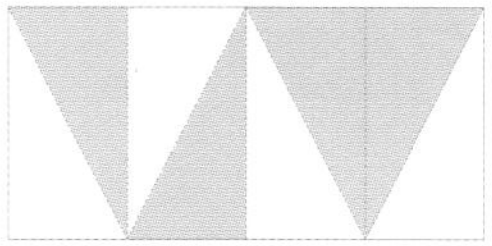

색칠된 부분은 전체를 똑같이 [8]로 나눈 것 중의 [4]입니다.

❷

색칠된 부분은 전체를 똑같이 [10]으로 나눈 것 중의 [5]입니다.

❸
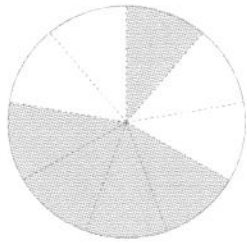

색칠된 부분은 전체를 똑같이 [9]로 나눈 것 중의 [5]입니다.

❹
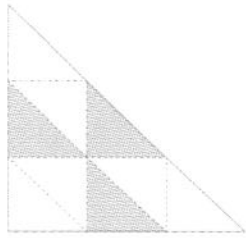

색칠된 부분은 전체를 똑같이 [9]로 나눈 것 중의 [3]입니다.

❺

색칠된 부분은 전체를 똑같이 [9]로 나눈 것 중의 [7]입니다.

548 전체와 부분

◐ 그림을 보고 빈칸에 알맞은 수를 써넣으시오.

부분  은 전체 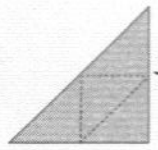 를 똑같이 [4] 로 나눈 것 중의 [2] 입니다.

❶ 부분 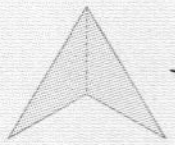 은 전체  를 똑같이 [3] 으로 나눈 것 중의 [2] 입니다.

❷ 부분  은 전체  를 똑같이 [9] 로 나눈 것 중의 [4] 입니다.

❸ 부분 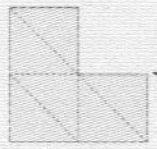 은 전체 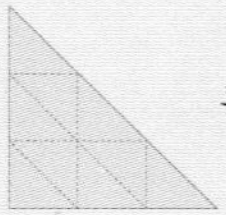 를 똑같이 [9] 로 나눈 것 중의 [6] 입니다.

❹ 부분  은 전체 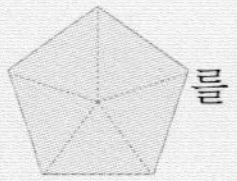 를 똑같이 [5] 로 나눈 것 중의 [3] 입니다.

월 일

◐ 전체를 똑같이 나누고 색칠하시오.

예시 답안 이외에도 도형을 전체의 수에 맞게 모양과 크기가 같도록 나누었다면 정답입니다.

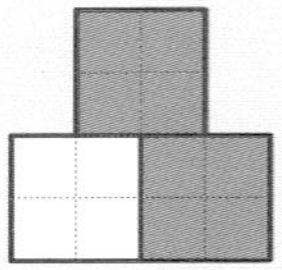

전체를 똑같이 3으로 나눈 것 중의 2

❶ 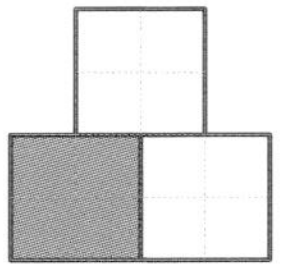

전체를 똑같이 3으로 나눈 것 중의 1

❷ 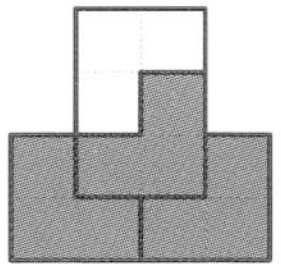

전체를 똑같이 4로 나눈 것 중의 3

❸ 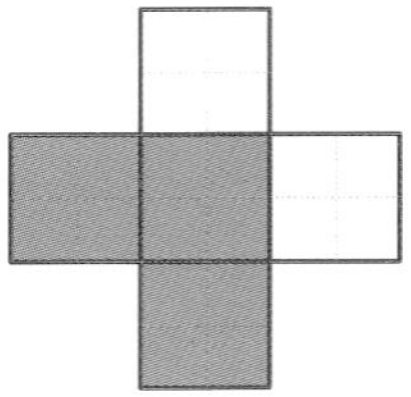

전체를 똑같이 5로 나눈 것 중의 3

❹ 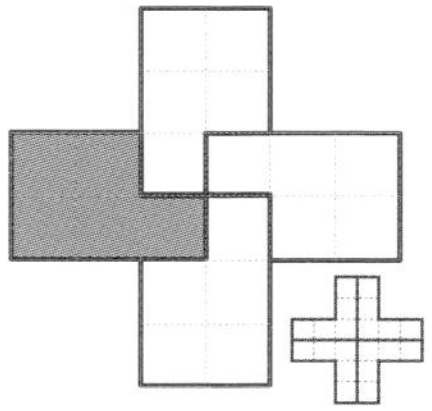

전체를 똑같이 4로 나눈 것 중의 1

❺ 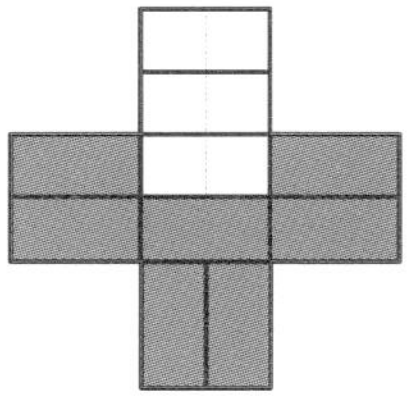

전체를 똑같이 10으로 나눈 것 중의 7

❻ 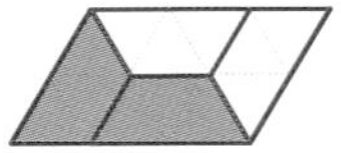

전체를 똑같이 4로 나눈 것 중의 2

❼ 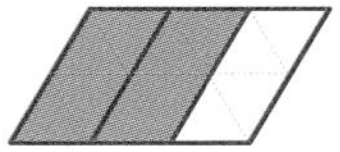

전체를 똑같이 3으로 나눈 것 중의 2

❽ 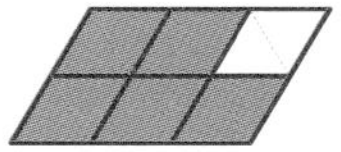

전체를 똑같이 6으로 나눈 것 중의 5

잘 공부했는지 알아봅시다

월 일

1 그림을 보고 빈칸에 알맞은 수를 써넣으시오.

❶

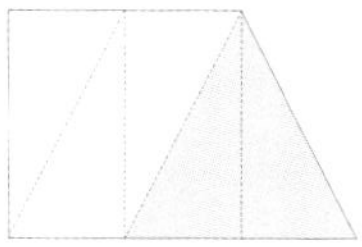

색칠한 부분은 전체를 똑같이 5 로 나눈 것 중의 2 입니다.

❷

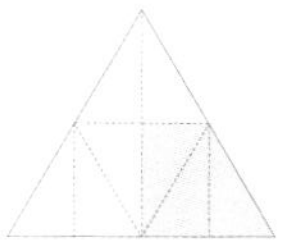

색칠한 부분은 전체를 똑같이 8 로 나눈 것 중의 3 입니다.

2 전체를 똑같이 5로 나눈 것 중의 3을 색칠한 것을 찾아 모두 ○표 하시오.

(○) (○) (   ) (   )

3 전체를 똑같이 나누고 색칠하시오.

❶

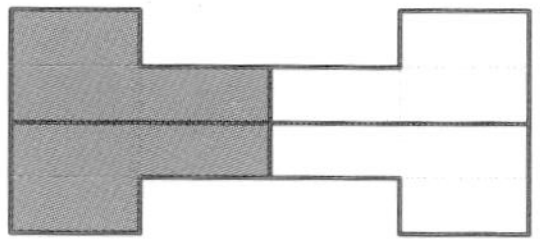

전체를 똑같이 4로 나눈 것 중의 2

❷

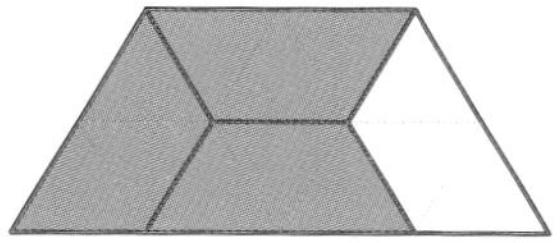

전체를 똑같이 4로 나눈 것 중의 3

549 분수 읽기

월 일

◐ 관계 있는 것끼리 선으로 이으시오.

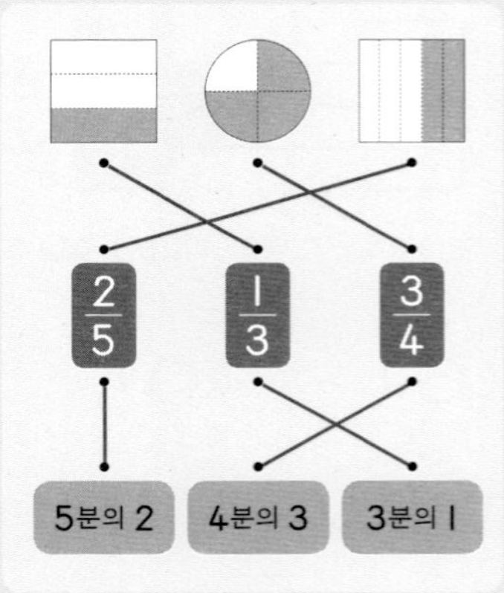

❶
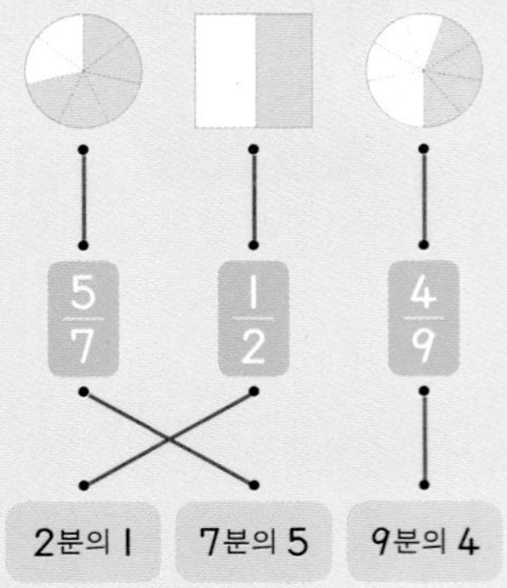

❷
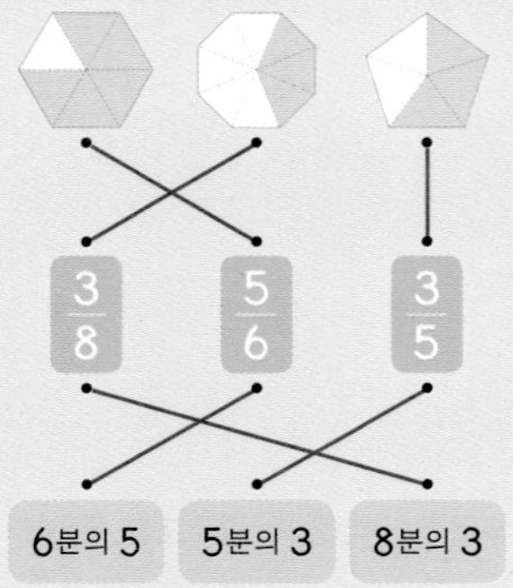

❸
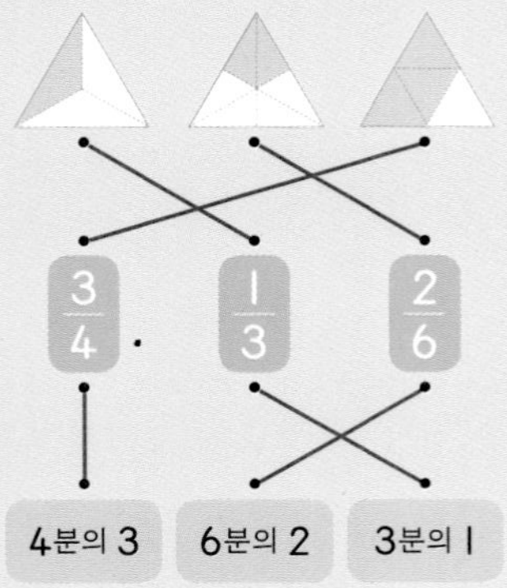

전체를 똑같이 ■로 나눈 것 중의 ▲를 ▲/■라 쓰고 ■분의 ▲라고 읽습니다. ▲/■와 같은 수를 분수라 하고, 아래쪽에 있는 수를 분모, 위쪽에 있는 수를 분자라고 합니다.

▲ ← 분자
■ ← 분모

◑ 빈칸에 알맞은 수를 써넣고 관계 있는 것끼리 선으로 이으시오.

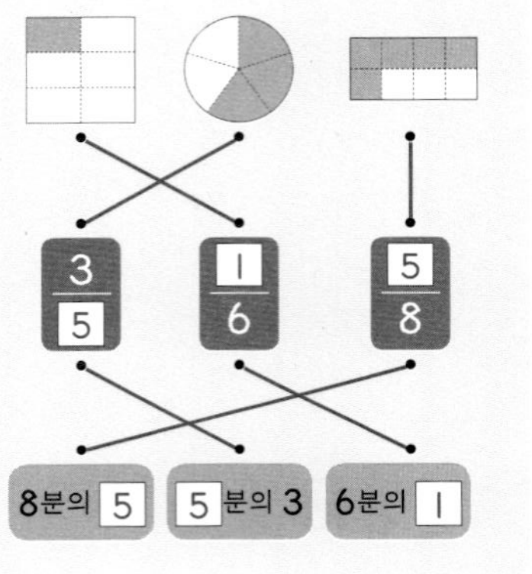

❶
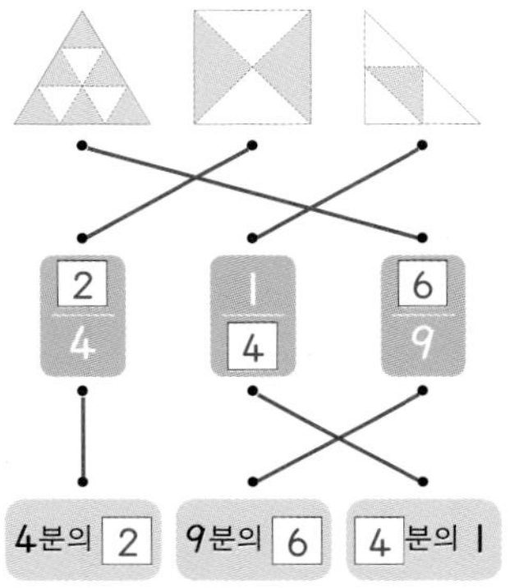

❷
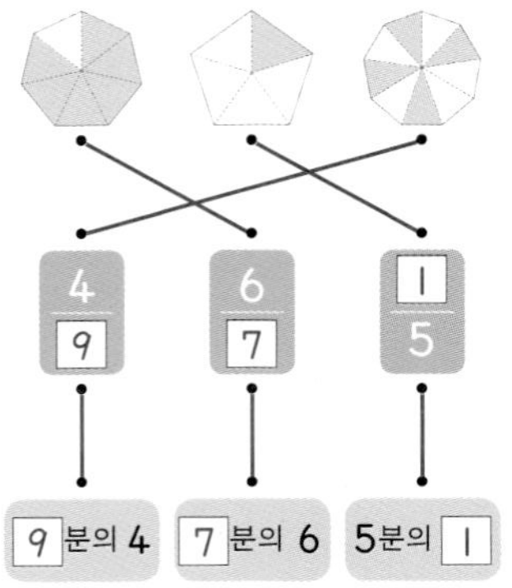

❸
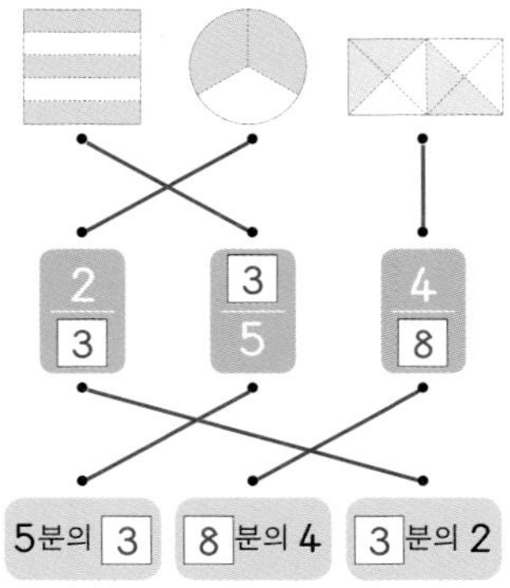

550 분수로 나타내기

◐ 전체에 대하여 색칠된 부분의 크기를 분수로 나타내시오.

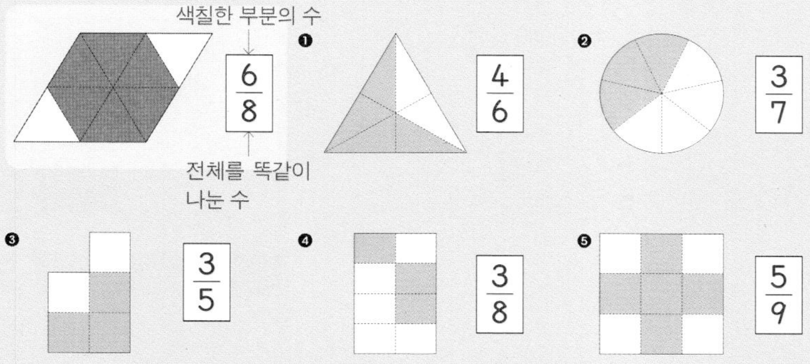

예: $\frac{6}{8}$ ❶ $\frac{4}{6}$ ❷ $\frac{3}{7}$ ❸ $\frac{3}{5}$ ❹ $\frac{3}{8}$ ❺ $\frac{5}{9}$

◐ 주어진 분수만큼 색칠하시오.

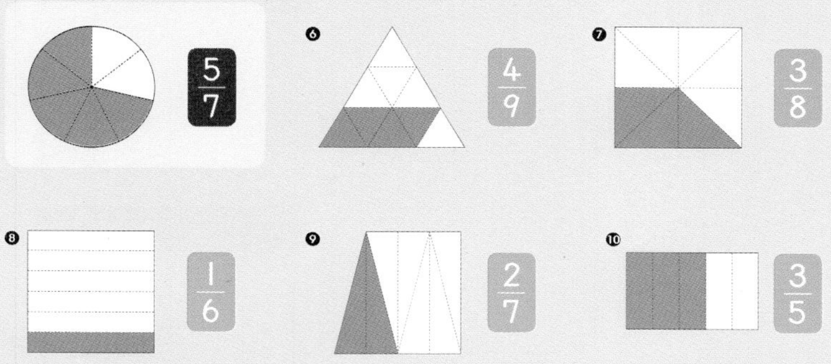

예: $\frac{5}{7}$ ❻ $\frac{4}{9}$ ❼ $\frac{3}{8}$ ❽ $\frac{1}{6}$ ❾ $\frac{2}{7}$ ❿ $\frac{3}{5}$

◐ 분수를 바르게 나타낸 것에 ○표, 잘못 나타낸 것에 ×표 하시오.

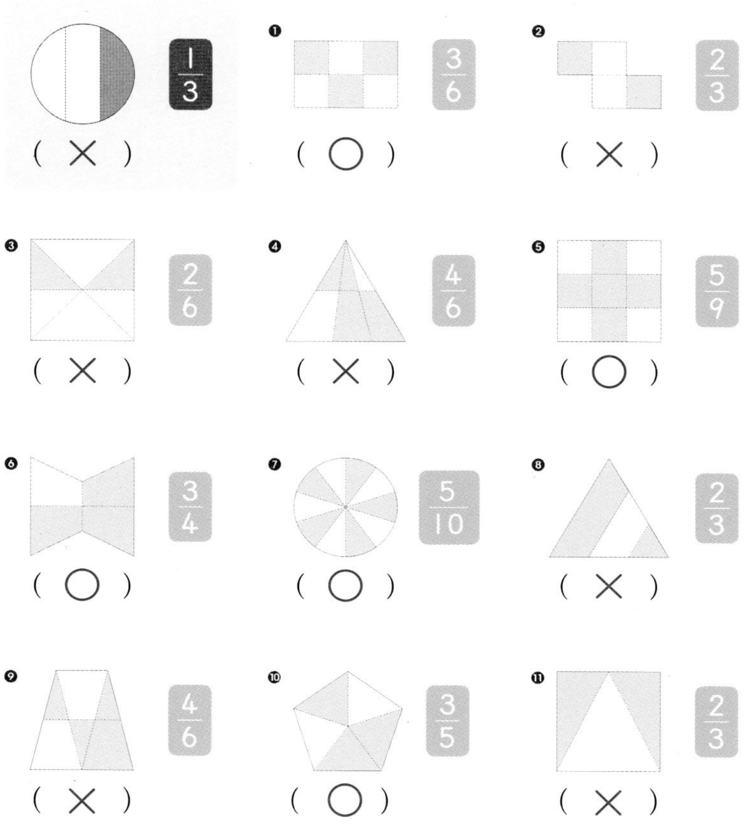

예: $\frac{1}{3}$ (×) ❶ $\frac{3}{6}$ (○) ❷ $\frac{2}{3}$ (×)
❸ $\frac{2}{6}$ (×) ❹ $\frac{4}{6}$ (×) ❺ $\frac{5}{9}$ (○)
❻ $\frac{3}{4}$ (○) ❼ $\frac{5}{10}$ (○) ❽ $\frac{2}{3}$ (×)
❾ $\frac{4}{6}$ (×) ❿ $\frac{3}{5}$ (○) ⓫ $\frac{2}{3}$ (×)

551 단위 분수의 개수

월 일

◐ 분수만큼 색칠하고, 빈칸에 알맞은 수를 써넣으시오.

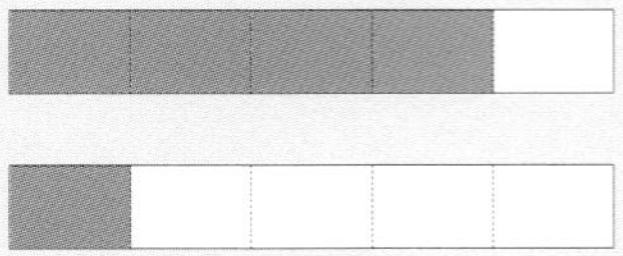

$\frac{4}{5}$ / $\frac{4}{5}$는 $\frac{1}{5}$이 4 개입니다.

$\frac{1}{5}$ / $\frac{1}{5}$이 4개이면 $\frac{4}{5}$ 입니다.

❶ 

$\frac{5}{6}$ / $\frac{5}{6}$는 $\frac{1}{6}$이 5 개입니다.

$\frac{1}{6}$ / $\frac{1}{6}$이 5개이면 $\frac{5}{6}$ 입니다.

❷ 

$\frac{3}{4}$ / $\frac{3}{4}$은 $\frac{1}{4}$이 3 개입니다.

$\frac{1}{4}$ / $\frac{1}{4}$이 3개이면 $\frac{3}{4}$ 입니다.

❸ 

$\frac{4}{7}$ / $\frac{4}{7}$는 $\frac{1}{7}$이 4 개입니다.

$\frac{1}{7}$ / $\frac{1}{7}$이 4개이면 $\frac{4}{7}$ 입니다.

$\frac{▲}{■}$는 $\frac{1}{■}$이 ▲개입니다.

⊕ 빈칸에 알맞은 수를 써넣으시오.

$\frac{3}{6}$은 $\frac{1}{6}$의 3 배이므로 $\frac{3}{6}$은 $\frac{1}{6}$이 3 개입니다.

❶ $\frac{2}{5}$는 $\frac{1}{5}$의 2 배이므로 $\frac{2}{5}$는 $\frac{1}{5}$이 2 개입니다.

❷ $\frac{5}{7}$는 $\frac{1}{7}$의 5 배이므로 $\frac{5}{7}$는 $\frac{1}{7}$이 5 개입니다.

❸ $\frac{3}{8}$은 $\frac{1}{8}$이 3 개입니다.

❹ $\frac{1}{5}$이 3개이면 $\frac{3}{5}$ 입니다.

❺ $\frac{8}{9}$은 $\frac{1}{9}$이 8개입니다.

❻ $\frac{1}{9}$이 7개이면 $\frac{7}{9}$ 입니다.

❼ $\frac{5}{6}$는 $\frac{1}{6}$이 5개입니다.

❽ $\frac{1}{3}$이 2개이면 $\frac{2}{3}$ 입니다.

❾ $\frac{6}{7}$은 $\frac{1}{7}$이 6개입니다.

❿ $\frac{1}{9}$이 7개이면 $\frac{7}{9}$ 입니다.

552 남은 피자

◐ 먹은 피자만큼 색칠하고, 남은 피자의 양을 분수로 나타내시오.

8조각 중 3조각을 먹고 5조각이 남았으므로 남은 피자는 $\frac{5}{8}$ 입니다.

	먹은 피자	남은 피자
예	$\frac{3}{8}$	$\frac{5}{8}$
❶	$\frac{1}{6}$	$\frac{5}{6}$
❷	$\frac{1}{4}$	$\frac{3}{4}$
❸	$\frac{2}{5}$	$\frac{3}{5}$
❹	$\frac{4}{7}$	$\frac{3}{7}$
❺	$\frac{2}{8}$	$\frac{6}{8}$
❻	$\frac{5}{6}$	$\frac{1}{6}$
❼	$\frac{6}{9}$	$\frac{3}{9}$

먹은 피자와 남은 피자의 양을 나타내는 분수의 분자끼리의 합은 분모와 같습니다.

먹은 피자 : $\frac{▲}{■}$

남은 피자 : $\frac{●}{■}$

→ ▲+●=■

⊕ 피자를 두 번 먹었습니다. 먹은 피자를 두 가지 색으로 색칠하고 남은 피자의 양을 분수로 나타내시오.

	먹은 피자	남은 피자
예	$\frac{2}{8}$, $\frac{3}{8}$	$\frac{3}{8}$
❶	$\frac{1}{5}$, $\frac{2}{5}$	$\frac{2}{5}$
❷	$\frac{1}{3}$, $\frac{1}{3}$	$\frac{1}{3}$
❸	$\frac{1}{6}$, $\frac{3}{6}$	$\frac{2}{6}$
❹	$\frac{2}{7}$, $\frac{4}{7}$	$\frac{1}{7}$
❺	$\frac{2}{9}$, $\frac{3}{9}$	$\frac{4}{9}$
❻	$\frac{4}{9}$, $\frac{2}{9}$	$\frac{3}{9}$
❼	$\frac{1}{8}$, $\frac{5}{8}$	$\frac{2}{8}$

잘 공부했는지 알아봅시다

월 일

1 색칠한 부분이 나타내는 분수가 다른 하나를 찾아 ○표 하시오.

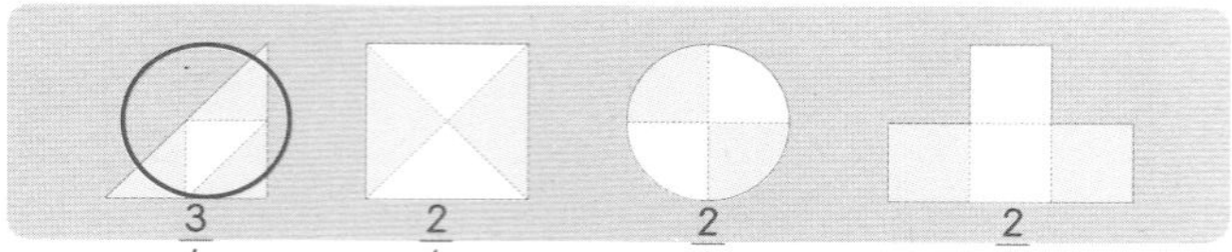

2 관계 있는 것끼리 선으로 이으시오.

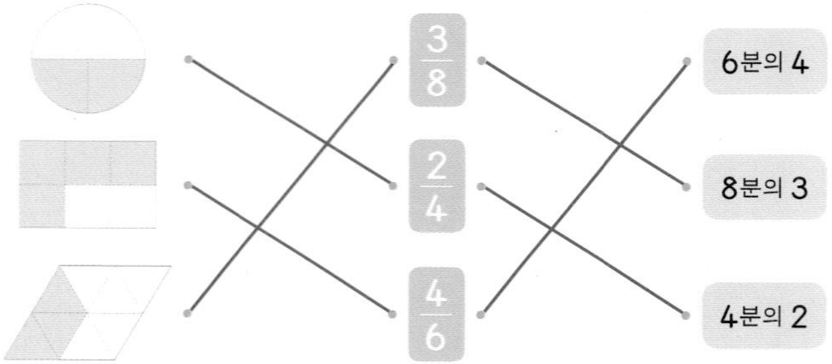

3 종이에 두 가지 색으로 색칠을 하였습니다. 빈칸에 알맞은 수를 써넣으시오.

❶

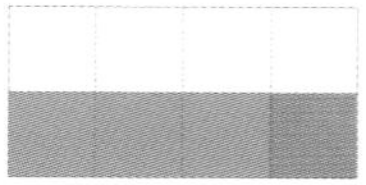

빨간색 : $\frac{3}{8}$, 파란색 : $\frac{1}{8}$

색칠하지 않은 부분 : $\frac{4}{8}$

❷

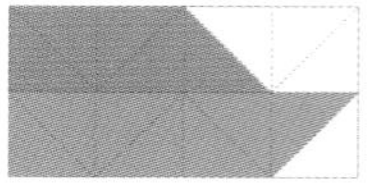

빨간색 : $\frac{7}{16}$, 파란색 : $\frac{5}{16}$

색칠하지 않은 부분 : $\frac{4}{16}$

553 분모가 같은 분수의 크기 비교

● 분수만큼 색칠하고, ○ 안에 >, =, <를 알맞게 써넣으시오.

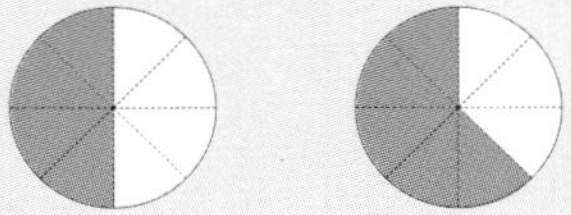

$\frac{4}{8}$ (<) $\frac{5}{8}$

❶

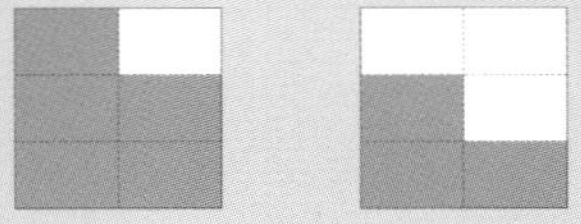

$\frac{5}{6}$ (>) $\frac{3}{6}$

❷

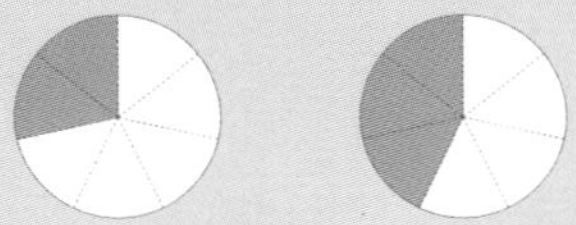

$\frac{2}{7}$ (<) $\frac{3}{7}$

❸

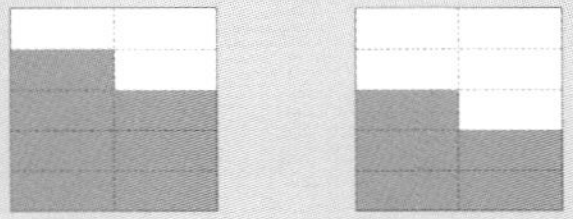

$\frac{7}{10}$ (>) $\frac{5}{10}$

❹

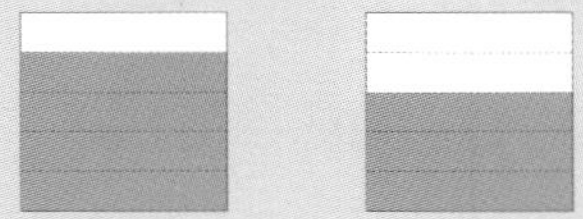

$\frac{4}{5}$ (>) $\frac{3}{5}$

❺

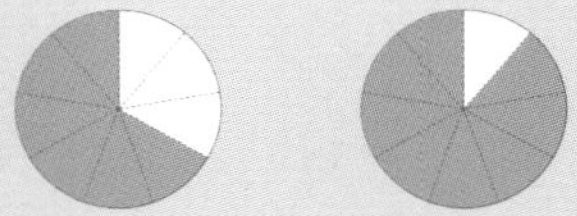

$\frac{6}{9}$ (<) $\frac{8}{9}$

분모가 같은 분수는 분자가 클수록 큰 수입니다.
$\frac{\blacktriangle}{\blacksquare} < \frac{\bullet}{\blacksquare} \leftrightarrow \blacktriangle < \bullet$

◆ 두 분수의 크기를 비교하여 ○ 안에 >, =, <를 알맞게 써넣으시오.

$\frac{3}{4}$ (>) $\frac{2}{4}$

❶ $\frac{6}{7}$ (>) $\frac{5}{7}$

❷ $\frac{1}{10}$ (<) $\frac{4}{10}$

❸ $\frac{5}{6}$ (>) $\frac{4}{6}$

❹ $\frac{3}{12}$ (<) $\frac{9}{12}$

❺ $\frac{2}{8}$ (<) $\frac{7}{8}$

❻ $\frac{1}{3}$ (<) $\frac{2}{3}$

❼ $\frac{2}{5}$ (>) $\frac{1}{5}$

❽ $\frac{5}{9}$ (>) $\frac{4}{9}$

❾ $\frac{1}{9}$이 3개인 수 (<) $\frac{4}{9}$

❿ $\frac{6}{7}$ (>) $\frac{1}{7}$이 3개인 수

⓫ $\frac{1}{8}$이 5개인 수 (>) $\frac{3}{8}$

⓬ $\frac{7}{9}$ (<) $\frac{1}{9}$이 8개인 수

⓭ $\frac{1}{6}$이 2개인 수 (<) $\frac{3}{6}$

⓮ $\frac{4}{11}$ (<) $\frac{1}{11}$이 10개인 수

554 단위 분수의 크기 비교

월 일

◐ 분수만큼 색칠하고, ◯ 안에 >, =, <를 알맞게 써넣으시오.

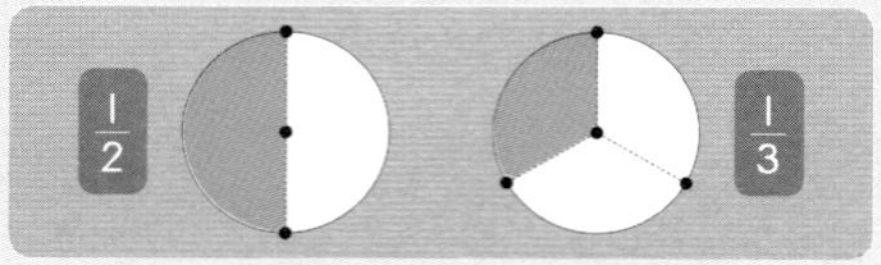

$\frac{1}{2}$ (>) $\frac{1}{3}$

❶ 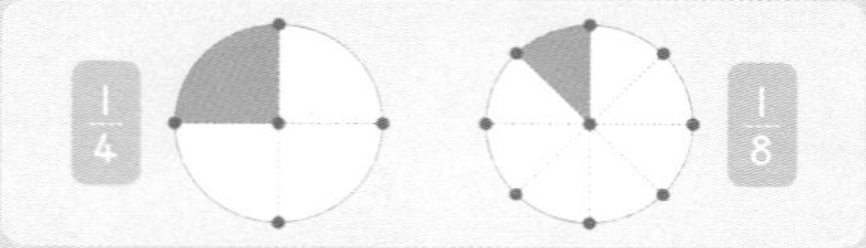

$\frac{1}{4}$ (>) $\frac{1}{8}$

❷ 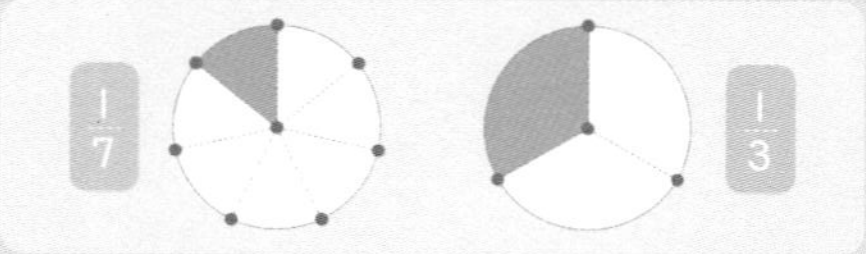

$\frac{1}{7}$ (<) $\frac{1}{3}$

❸ 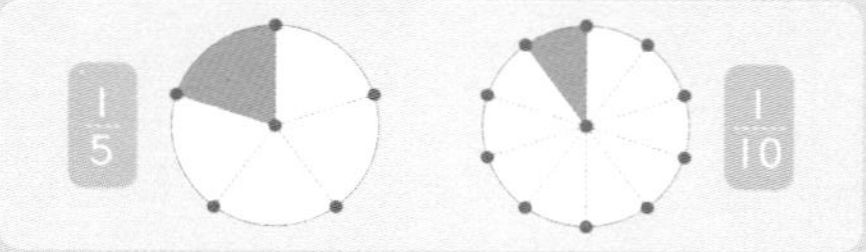

$\frac{1}{5}$ (>) $\frac{1}{10}$

$\frac{1}{2}, \frac{1}{3}, \frac{1}{4}, \cdots$과 같이 분자가 1인 분수를 단위분수라고 합니다. 단위분수는 분모가 작을수록 큰 수입니다.
$\frac{1}{■} < \frac{1}{▲} \leftrightarrow ■ > ▲$

◒ 부등호에 맞게 ▭ 안의 분수를 빈칸에 써넣으시오.

$\frac{1}{4}$ < $\frac{1}{3}$ ($\frac{1}{3}$, $\frac{1}{4}$)

❶ $\frac{1}{7}$ > $\frac{1}{10}$ ($\frac{1}{7}$, $\frac{1}{10}$)

❷ $\frac{1}{6}$ < $\frac{1}{2}$ ($\frac{1}{2}$, $\frac{1}{6}$)

❸ $\frac{1}{5}$ > $\frac{1}{10}$ ($\frac{1}{5}$, $\frac{1}{10}$)

❹ $\frac{1}{8}$ < $\frac{1}{4}$ ($\frac{1}{8}$, $\frac{1}{4}$)

❺ $\frac{1}{6}$ > $\frac{1}{9}$ ($\frac{1}{6}$, $\frac{1}{9}$)

❻ $\frac{1}{2}$ > $\frac{1}{3}$ > $\frac{1}{4}$ ($\frac{1}{2}$, $\frac{1}{4}$, $\frac{1}{3}$)

❼ $\frac{1}{12}$ < $\frac{1}{8}$ < $\frac{1}{7}$ ($\frac{1}{7}$, $\frac{1}{12}$, $\frac{1}{8}$)

555 분자가 같은 분수의 크기 비교

월 일

◐ 분수만큼 색칠하고, ○ 안에 >, =, <를 알맞게 써넣으시오.

$\frac{2}{3}$, $\frac{2}{4}$ — $\frac{2}{3} > \frac{2}{4}$

❶ $\frac{3}{7}$, $\frac{3}{5}$ — $\frac{3}{7} < \frac{3}{5}$

❷ $\frac{5}{6}$, $\frac{5}{9}$ — $\frac{5}{6} > \frac{5}{9}$

❸ $\frac{4}{5}$, $\frac{4}{6}$ — $\frac{4}{5} > \frac{4}{6}$

❹ $\frac{7}{10}$, $\frac{7}{8}$ — $\frac{7}{10} < \frac{7}{8}$

분자가 같은 분수는 분모가 작을수록 큰 수입니다.

▲/■ < ▲/● ↔ ■ > ●

◑ 분수만큼 색칠하고, 큰 수부터 차례로 쓰시오.

$\frac{3}{4}$ $\frac{3}{6}$ $\frac{3}{5}$ — $\frac{3}{4}$ $\frac{3}{5}$ $\frac{3}{6}$

❶ $\frac{4}{7}$ $\frac{4}{5}$ $\frac{4}{8}$ — $\frac{4}{5}$ $\frac{4}{7}$ $\frac{4}{8}$

❷ $\frac{2}{6}$ $\frac{2}{3}$ $\frac{2}{5}$ — $\frac{2}{3}$ $\frac{2}{5}$ $\frac{2}{6}$

❸ $\frac{4}{9}$ $\frac{4}{7}$ $\frac{4}{6}$ — $\frac{4}{6}$ $\frac{4}{7}$ $\frac{4}{9}$

❹ $\frac{5}{6}$ $\frac{5}{10}$ $\frac{5}{8}$ — $\frac{5}{6}$ $\frac{5}{8}$ $\frac{5}{10}$

❺ $\frac{3}{7}$ $\frac{3}{6}$ $\frac{3}{4}$ — $\frac{3}{4}$ $\frac{3}{6}$ $\frac{3}{7}$

556 네모 대소

월 일

◐ □ 안에 들어갈 수 있는 수에 ○표 하시오.

(예) $\frac{3}{8} < \frac{\square}{8}$ — 2 ④

❶ $\frac{5}{7} > \frac{\square}{7}$ — ④ 6

❷ $\frac{2}{5} < \frac{\square}{5}$ — 1 ③

❸ $\frac{1}{3} > \frac{1}{\square}$ — 2 ④

❹ $\frac{1}{7} < \frac{1}{\square}$ — 8 ⑥

❺ $\frac{1}{6} > \frac{1}{\square}$ — 5 ⑦

❻ $\frac{2}{7} < \frac{2}{\square}$ — ⑥ 8

❼ $\frac{5}{9} > \frac{5}{\square}$ — 6 ⑩

❽ $\frac{3}{8} < \frac{3}{\square}$ — ⑤ 9

❾ $\frac{7}{9} > \frac{\square}{9}$ — ③ 8

❿ $\frac{1}{5} < \frac{1}{\square}$ — ④ 9

⓫ $\frac{6}{10} < \frac{6}{\square}$ — 12 ⑧

◑ □ 안에 들어갈 수 있는 수에 모두 ○표 하시오.

(예) $\frac{2}{7} > \frac{2}{\square}$ — 5 6 7 ⑧ ⑨

❶ $\frac{5}{9} < \frac{\square}{9}$ — 3 4 5 ⑥ ⑦

❷ $\frac{3}{6} < \frac{3}{\square}$ — ④ ⑤ 6 7 8

❸ $\frac{1}{8} > \frac{1}{\square}$ — 6 7 8 ⑨ ⑩

❹ $\frac{8}{12} < \frac{\square}{12} < \frac{11}{12}$ — 7 8 ⑨ ⑩ 11

❺ $\frac{3}{7} < \frac{\square}{7} < \frac{6}{7}$ — 3 ④ ⑤ 6 7

❻ $\frac{1}{11} > \frac{1}{\square} > \frac{1}{14}$ — 11 ⑫ ⑬ 14 15

❼ $\frac{3}{12} < \frac{3}{\square} < \frac{3}{9}$ — 9 ⑩ ⑪ 12 13

잘 공부했는지 알아봅시다

월 일

1 그림에 분수만큼 색칠하고 ◯ 안에 >, =, <를 알맞게 써넣으시오.

❶ $\frac{3}{7}$, $\frac{6}{7}$

$\frac{3}{7}$ < $\frac{6}{7}$

❷ $\frac{2}{5}$, $\frac{2}{8}$

$\frac{2}{5}$ > $\frac{2}{8}$

분모가 같은 분수는 분자가 클수록 큰 수입니다.
분자가 같은 분수는 분모가 작을수록 큰 수입니다.

2 분수의 크기를 비교하여 가장 큰 수에 ○표, 가장 작은 수에 △표 하시오.

$\frac{3}{13}$(△) $\frac{7}{13}$ $\frac{12}{13}$(○) $\frac{8}{13}$ $\frac{5}{13}$

분모가 같은 분수의 크기 비교이므로 분자가 가장 큰 $\frac{12}{13}$가 가장 크고, 분자가 가장 작은 $\frac{3}{13}$이 가장 작습니다.

3 □ 안에 들어갈 수 있는 수에 모두 ○표 하시오.

❶ $\frac{4}{15}$ < $\frac{4}{\square}$ < $\frac{4}{12}$

11 12 (13) (14) 15

❷ $\frac{1}{13}$ < $\frac{\square}{13}$ < $\frac{9}{13}$

(7) (8) 9 10 11

557 $\frac{1}{2}$과 크기가 같은 분수

◐ 수직선의 빈칸에 알맞은 분수를 쓰고, ○ 안에 >, =, <를 알맞게 써넣으시오.

수직선: 0, $\frac{1}{5}$, $\boxed{\frac{2}{5}}$, $\frac{1}{2}$, $\boxed{\frac{3}{5}}$, $\frac{4}{5}$, 1

$\frac{2}{5} \bigcirc\!\!\!\!< \frac{1}{2}$ → $\frac{2}{5} < \frac{1}{2}$

$\frac{3}{5} > \frac{1}{2}$

❶ 수직선: 0, $\boxed{\frac{1}{3}}$, $\frac{1}{2}$, $\boxed{\frac{2}{3}}$, 1

$\frac{1}{3} < \frac{1}{2}$

$\frac{2}{3} > \frac{1}{2}$

❷ 수직선: 0, $\frac{1}{7}$, $\frac{2}{7}$, $\boxed{\frac{3}{7}}$, $\frac{1}{2}$, $\frac{4}{7}$, $\boxed{\frac{5}{7}}$, $\frac{6}{7}$, 1

$\frac{3}{7} < \frac{1}{2}$

$\frac{5}{7} > \frac{1}{2}$

❸ 수직선: 0, $\frac{1}{9}$, $\frac{2}{9}$, $\frac{3}{9}$, $\boxed{\frac{4}{9}}$, $\frac{1}{2}$, $\frac{5}{9}$, $\boxed{\frac{6}{9}}$, $\frac{7}{9}$, $\frac{8}{9}$, 1

$\frac{4}{9} < \frac{1}{2}$

$\frac{6}{9} > \frac{1}{2}$

수직선에서 $\frac{1}{2}$보다 오른쪽에 있는 수는 $\frac{1}{2}$보다 큰 수, 왼쪽에 있는 수는 $\frac{1}{2}$보다 작은 수, $\frac{1}{2}$과 같은 위치에 있는 수는 $\frac{1}{2}$과 크기가 같은 수입니다.

월 일

◑ 수직선의 빈칸에 알맞은 분수를 쓰고, □ 안에 $\frac{1}{2}$과 크기가 같은 분수를 쓰시오.

수직선: 0, $\frac{1}{6}$, $\boxed{\frac{2}{6}}$, $\boxed{\frac{3}{6}}$ ($\frac{1}{2}$), $\boxed{\frac{4}{6}}$, $\frac{5}{6}$, 1

$\boxed{\frac{3}{6}} = \frac{1}{2}$

❶ 수직선: 0, $\frac{1}{8}$, $\boxed{\frac{2}{8}}$, $\frac{3}{8}$, $\boxed{\frac{4}{8}}$ ($\frac{1}{2}$), $\frac{5}{8}$, $\boxed{\frac{6}{8}}$, $\frac{7}{8}$, 1

$\boxed{\frac{4}{8}} = \frac{1}{2}$

❷ 수직선: 0, $\boxed{\frac{1}{4}}$, $\boxed{\frac{2}{4}}$ ($\frac{1}{2}$), $\boxed{\frac{3}{4}}$, 1

$\boxed{\frac{2}{4}} = \frac{1}{2}$

❸ 수직선: 0, $\frac{1}{10}$, $\boxed{\frac{2}{10}}$, $\frac{3}{10}$, $\frac{4}{10}$, $\boxed{\frac{5}{10}}$ ($\frac{1}{2}$), $\frac{6}{10}$, $\frac{7}{10}$, $\boxed{\frac{8}{10}}$, $\frac{9}{10}$, 1

$\boxed{\frac{5}{10}} = \frac{1}{2}$

558 $\frac{1}{2}$과 크기 비교

◐ 분수만큼 색칠하여 $\frac{1}{2}$과 크기를 비교하고, 알맞은 말에 ◯표 하시오.

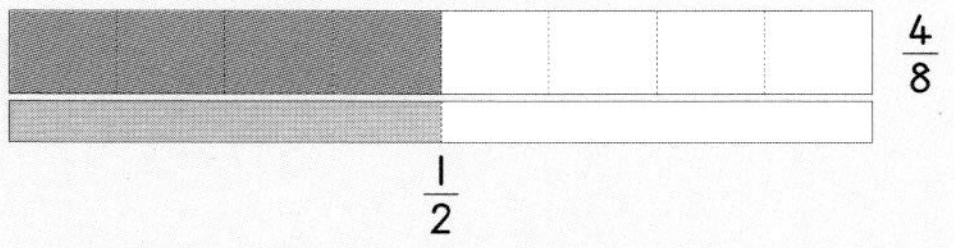

$\frac{4}{8}$ (=) $\frac{1}{2}$

분자 4의 2배는 분모 8과 ((같다), 다르다). $4\times2=8$

❶ 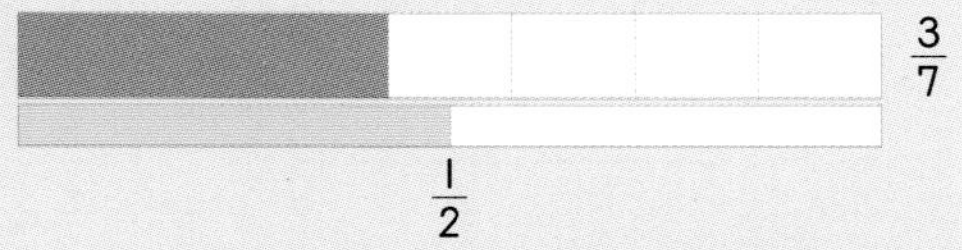

$\frac{3}{7}$ (<) $\frac{1}{2}$

분자 3의 2배는 분모 7보다 (크다 , (작다)). $3\times2<7$

❷ 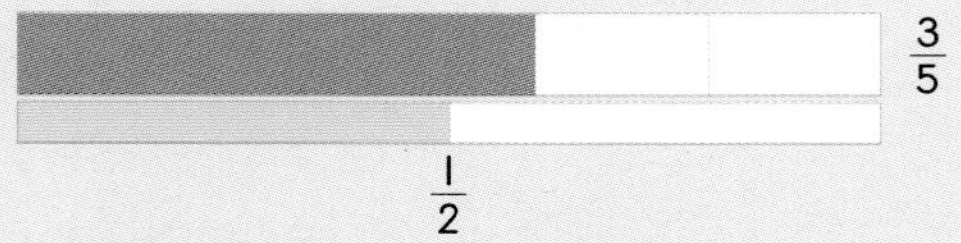

$\frac{3}{5}$ (>) $\frac{1}{2}$

분자 3의 2배는 분모 5보다 ((크다), 작다).

❸ 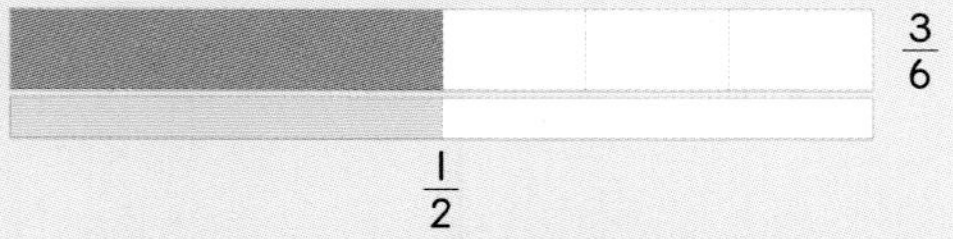

$\frac{3}{6}$ (=) $\frac{1}{2}$

분자 3의 2배는 분모 6과 ((같다), 다르다).

분모, 분자의 수를 보고 $\frac{1}{2}$과의 크기를 비교할 수 있습니다.

▲/■ $<\frac{1}{2}$ ↔ ▲×2<■

▲/■ $=\frac{1}{2}$ ↔ ▲×2=■

▲/■ $>\frac{1}{2}$ ↔ ▲×2>■

◑ 크기 비교에 맞게 ▭ 안의 분수를 빈칸에 써넣으시오.

$\frac{3}{8} < \frac{1}{2} = \frac{4}{8} < \frac{5}{8}$

$\frac{3}{8}$ $\frac{4}{8}$ $\frac{5}{8}$

$3\times2<8$ $4\times2=8$ $5\times2>8$

❶ $\frac{3}{7} < \frac{1}{2} < \frac{4}{7}$

$\frac{3}{7}$ $\frac{4}{7}$

❷ $\frac{2}{6} < \frac{1}{2} = \frac{3}{6} < \frac{4}{6}$

$\frac{2}{6}$ $\frac{3}{6}$ $\frac{4}{6}$

❸ $\frac{2}{5} < \frac{1}{2} < \frac{3}{5}$

$\frac{2}{5}$ $\frac{3}{5}$

❹ $\frac{3}{10} < \frac{1}{2} = \frac{5}{10} < \frac{7}{10}$

$\frac{5}{10}$ $\frac{3}{10}$ $\frac{7}{10}$

❺ $\frac{2}{9} < \frac{1}{2} < \frac{7}{9}$

$\frac{7}{9}$ $\frac{2}{9}$

559 세 분수의 크기 비교

월 일

◐ ○ 안에 >, =, <를 알맞게 써넣고, 관계 있는 것끼리 선으로 이으시오.

(예시)
- $\frac{2}{6} < \frac{4}{7}$ — $\frac{1}{2}$보다 큰 분수와 $\frac{1}{2}$보다 작은 분수를 비교합니다.
- $\frac{2}{7} > \frac{2}{8}$ — 분자가 같은 분수는 분모가 작을수록 큰 수입니다.
- $\frac{3}{5} < \frac{4}{5}$ — 분모가 같은 분수는 분자가 클수록 큰 수입니다.

❶
- $\frac{1}{8} > \frac{1}{10}$ — 분자가 1인 분수는 분모가 작을수록 큰 수입니다.
- $\frac{7}{9} < \frac{8}{9}$ — 분모가 같은 분수는 분자가 클수록 큰 수입니다.
- $\frac{4}{5} > \frac{3}{7}$ — $\frac{1}{2}$보다 큰 분수와 $\frac{1}{2}$보다 작은 분수를 비교합니다.

❷
- $\frac{5}{7} < \frac{5}{6}$ — 분자가 같은 분수는 분모가 작을수록 큰 수입니다.
- $\frac{3}{9} < \frac{4}{8}$ — $\frac{1}{2}$과 같은 분수와 $\frac{1}{2}$보다 작은 분수를 비교합니다.
- $\frac{4}{10} > \frac{2}{10}$ — 분모가 같은 분수는 분자가 클수록 큰 수입니다.

분자, 분모가 모두 다른 분수의 크기 비교는 $\frac{1}{2}$과의 크기 비교를 이용합니다.

◑ ○ 안에 >, =, <를 알맞게 써넣으시오.

(예시) $\frac{2}{7} > \frac{2}{9} > \frac{2}{10}$

❶ $\frac{3}{8} < \frac{5}{8} < \frac{6}{8}$

❷ $\frac{2}{6} < \frac{1}{2} < \frac{4}{7}$

❸ $\frac{1}{5} < \frac{1}{4} < \frac{1}{3}$

❹ $\frac{7}{11} > \frac{3}{11} > \frac{1}{11}$

❺ $\frac{5}{8} > \frac{1}{2} = \frac{3}{6}$

❻ $\frac{5}{6} > \frac{5}{7} > \frac{5}{8}$

❼ $\frac{3}{10} < \frac{5}{10} < \frac{9}{10}$

❽ $\frac{3}{8} < \frac{1}{2} < \frac{7}{9}$

❾ $\frac{1}{9} > \frac{1}{12} > \frac{1}{15}$

❿ $\frac{6}{9} < \frac{7}{9} < \frac{8}{9}$

⓫ $\frac{3}{11} < \frac{3}{9} < \frac{3}{5}$

560 토너먼트 비교

월 일

◐ 선으로 연결된 두 분수의 크기를 비교하여 빈칸에 큰 분수를 써넣으시오.

(예시) $\frac{2}{4}$, $\frac{3}{4}$ → $\frac{3}{4}$ ($\frac{2}{4}<\frac{3}{4}$); $\frac{2}{5}$, $\frac{3}{5}$ → $\frac{3}{5}$ ($\frac{2}{5}<\frac{3}{5}$); $\frac{3}{4}$, $\frac{3}{5}$ → $\frac{3}{4}$ ($\frac{3}{4}>\frac{3}{5}$)

❶ $\frac{2}{6}$, $\frac{2}{3}$ → $\frac{2}{3}$ ($\frac{2}{6}<\frac{2}{3}$); $\frac{2}{7}$, $\frac{2}{4}$ → $\frac{2}{4}$ ($\frac{2}{7}<\frac{2}{4}$); $\frac{2}{3}$, $\frac{2}{4}$ → $\frac{2}{3}$ ($\frac{2}{3}>\frac{2}{4}$)

❷ $\frac{3}{8}$, $\frac{5}{8}$ → $\frac{5}{8}$; $\frac{4}{8}$, $\frac{2}{8}$ → $\frac{4}{8}$; $\frac{5}{8}$, $\frac{4}{8}$ → $\frac{5}{8}$

❸ $\frac{1}{7}$, $\frac{1}{9}$ → $\frac{1}{7}$; $\frac{1}{6}$, $\frac{1}{5}$ → $\frac{1}{5}$; $\frac{1}{7}$, $\frac{1}{5}$ → $\frac{1}{5}$

❹ $\frac{3}{6}$, $\frac{3}{7}$ → $\frac{3}{6}$; $\frac{4}{6}$, $\frac{4}{7}$ → $\frac{4}{6}$; $\frac{3}{6}$, $\frac{4}{6}$ → $\frac{4}{6}$

❺ $\frac{5}{8}$, $\frac{4}{8}$ → $\frac{5}{8}$; $\frac{5}{7}$, $\frac{4}{7}$ → $\frac{5}{7}$; $\frac{5}{8}$, $\frac{5}{7}$ → $\frac{5}{7}$

◐ 분수의 크기를 비교하여 가장 큰 수를 ○에, 가장 작은 수를 ◇에 써넣으시오.

(예시) $\frac{5}{8}$, $\frac{4}{8}$, $\frac{4}{9}$, $\frac{3}{9}$ → ○ $\frac{5}{8}$, ◇ $\frac{3}{9}$ ($\frac{5}{8}>\frac{4}{8}>\frac{4}{9}>\frac{3}{9}$)

❶ $\frac{2}{7}$, $\frac{6}{7}$, $\frac{5}{7}$, $\frac{3}{7}$ → ○ $\frac{6}{7}$, ◇ $\frac{2}{7}$ ($\frac{6}{7}>\frac{5}{7}>\frac{3}{7}>\frac{2}{7}$)

❷ $\frac{4}{9}$, $\frac{4}{7}$, $\frac{4}{10}$, $\frac{4}{6}$ → ○ $\frac{4}{6}$, ◇ $\frac{4}{10}$ ($\frac{4}{6}>\frac{4}{7}>\frac{4}{9}>\frac{4}{10}$)

❸ $\frac{1}{7}$, $\frac{1}{10}$, $\frac{1}{8}$, $\frac{1}{2}$ → ○ $\frac{1}{2}$, ◇ $\frac{1}{10}$ ($\frac{1}{2}>\frac{1}{7}>\frac{1}{8}>\frac{1}{10}$)

❹ $\frac{3}{7}$, $\frac{1}{2}$, $\frac{5}{7}$, $\frac{5}{6}$ → ○ $\frac{5}{6}$, ◇ $\frac{3}{7}$ ($\frac{5}{6}>\frac{5}{7}>\frac{1}{2}>\frac{3}{7}$)

❺ $\frac{2}{8}$, $\frac{3}{8}$, $\frac{1}{2}$, $\frac{4}{7}$ → ○ $\frac{4}{7}$, ◇ $\frac{2}{8}$ ($\frac{4}{7}>\frac{1}{2}>\frac{3}{8}>\frac{2}{8}$)

잘 공부했는지 알아봅시다

월 일

1 $\frac{1}{2}$보다 큰 수를 찾아 ○표 하시오.

($\frac{5}{8}$) $\frac{3}{9}$ ($\frac{4}{7}$) $\frac{2}{6}$ ($\frac{3}{5}$)

분자를 2배 한 수가 분모보다 큰 분수는 $\frac{1}{2}$보다 큰 수입니다.

2 ○ 안에 >, =, <를 알맞게 써넣으시오.

❶ $\frac{5}{7}$ (>) $\frac{1}{2}$ (>) $\frac{2}{5}$

$5\times2>7$ $2\times2<5$

❷ $\frac{2}{7}$ (<) $\frac{2}{6}$ (<) $\frac{5}{8}$

$\frac{5}{8}>\frac{1}{2}$이고, $\frac{2}{7}$와 $\frac{2}{6}$는 모두 $\frac{1}{2}$보다 작은 수이므로 $\frac{5}{8}$가 가장 큽니다. $\frac{2}{7}$와 $\frac{2}{6}$는 분자가 같으므로 분모가 더 작은 $\frac{2}{6}$가 더 큽니다.

3 작은 수부터 차례로 쓰시오.

❶ $\frac{6}{7}$ $\frac{1}{2}$ $\frac{6}{8}$ $\frac{3}{7}$ $\frac{3}{8}$

$\frac{3}{8}$ – $\frac{3}{7}$ – $\frac{1}{2}$ – $\frac{6}{8}$ – $\frac{6}{7}$

❷ $\frac{4}{5}$ $\frac{4}{12}$ $\frac{1}{2}$ $\frac{4}{7}$ $\frac{4}{9}$

$\frac{4}{12}$ – $\frac{4}{9}$ – $\frac{1}{2}$ – $\frac{4}{7}$ – $\frac{4}{5}$

$\frac{1}{2}$보다 큰 수, 작은 수로 구분한 다음, 작은 수끼리, 큰 수끼리 크기를 비교합니다.

561 마일스톤

월 일

◐ 조건에 맞는 두 수에 ○표 하시오.

- 예: $\frac{5}{7}$보다 작은 수 — $\frac{5}{6}$, $\frac{4}{7}$(○), $\frac{6}{7}$, $\frac{5}{8}$(○)

❶ $\frac{1}{6}$보다 큰 수 — $\frac{1}{9}$, $\frac{1}{5}$(○), $\frac{1}{3}$(○), $\frac{1}{7}$

❷ $\frac{1}{2}$보다 큰 수 — $\frac{4}{9}$, $\frac{3}{4}$(○), $\frac{2}{5}$, $\frac{4}{7}$(○)

❸ $\frac{3}{8}$보다 큰 수 — $\frac{3}{5}$(○), $\frac{3}{7}$(○), $\frac{3}{12}$, $\frac{3}{9}$

❹ $\frac{3}{7}$보다 큰 수 — $\frac{4}{7}$(○), $\frac{2}{7}$, $\frac{1}{7}$, $\frac{5}{7}$(○)

❺ $\frac{1}{2}$보다 작은 수 — $\frac{2}{4}$, $\frac{6}{8}$, $\frac{1}{3}$(○), $\frac{4}{10}$(○)

분수의 크기를 비교할 때에는 분자, 분모, $\frac{1}{2}$ 중에서 기준이 되는 것을 정합니다.

◈ 빈칸에 들어갈 수 있는 세 수에 ○표 하시오.

- 예: $\square<\frac{5}{8}$ — $\frac{1}{2}$(○), $\frac{5}{10}$(○), $\frac{6}{8}$, $\frac{5}{6}$, $\frac{3}{8}$(○)

❶ $\square>\frac{3}{9}$ — $\frac{2}{9}$, $\frac{3}{8}$(○), $\frac{1}{2}$(○), $\frac{3}{10}$, $\frac{5}{9}$(○)

❷ $\square<\frac{1}{2}$ — $\frac{6}{10}$, $\frac{4}{9}$(○), $\frac{1}{11}$(○), $\frac{3}{5}$, $\frac{2}{9}$(○)

❸ $\frac{3}{9}<\square<\frac{6}{9}$ — $\frac{5}{9}$(○), $\frac{1}{9}$, $\frac{4}{9}$(○), $\frac{1}{2}$(○), $\frac{2}{9}$

❹ $\frac{3}{10}<\square<\frac{3}{5}$ — $\frac{3}{8}$(○), $\frac{3}{6}$(○), $\frac{1}{2}$(○), $\frac{3}{4}$, $\frac{3}{11}$

❺ $\frac{1}{2}<\square<\frac{7}{8}$ — $\frac{3}{7}$, $\frac{6}{8}$(○), $\frac{5}{8}$(○), $\frac{4}{8}$, $\frac{7}{9}$(○)

562 수수께끼

◐ 분수를 보고 빈칸에 알맞은 수를 써넣고, 알맞은 말에 ◯표 하시오.

$\frac{3}{7}$
- 분모는 분자보다 ((큽니다), 작습니다). $7>3$
- 분모와 분자의 차는 [4] 입니다. $7-3=4$
- $\frac{1}{2}$보다 (큽니다 , (작습니다)). $\frac{3}{7}<\frac{1}{2}$

❶ **$\frac{2}{9}$**
- 분모는 분자보다 ((큽니다), 작습니다). $9>2$
- 분모와 분자의 합은 [11] 입니다. $9+2=11$
- $\frac{3}{9}$보다 (큽니다 , (작습니다)). $\frac{2}{9}<\frac{3}{9}$

❷ **$\frac{1}{6}$**
- 분자는 [1] 입니다.
- 분모는 1보다 ((큽니다), 작습니다).
- $\frac{1}{7}$보다 ((큽니다), 작습니다).

❸ **$\frac{3}{4}$**
- 분모에서 분자를 빼면 [1] 입니다.
- 분모와 분자를 더하면 [7] 입니다.
- $\frac{3}{5}$보다 ((큽니다), 작습니다).

◑ 조건을 모두 만족하는 분수를 빈칸에 써넣으시오.

[$\frac{3}{5}$]
- 분모와 분자를 더하면 8입니다.
- 분모가 분자보다 큽니다.
- $\frac{1}{2}$보다 큽니다.

분모, 분자의 합이 8인 분수 중 $\frac{1}{2}$보다 큰 분수를 구합니다.

❶ **[$\frac{6}{7}$]**
- 분모가 7입니다.
- 분모는 분자보다 큽니다.
- $\frac{5}{7}$보다 큽니다.

분모가 7인 분수 중 $\frac{5}{7}$보다 큰 진분수를 찾습니다.

❷ **[$\frac{3}{6}$]**
- 분모와 분자의 차가 3입니다.
- 분모가 분자보다 큽니다.
- $\frac{1}{2}$과 크기가 같습니다.

❸ **[$\frac{1}{2}$]**
- 분자가 1입니다.
- 분모는 1보다 큽니다.
- $\frac{1}{3}$보다 큽니다.

❹ **[$\frac{7}{8}$]**
- 분모와 분자의 차가 1입니다.
- 분모가 분자보다 큽니다.
- 분모와 분자의 합이 15입니다.

❺ **[$\frac{4}{5}$]**
- 분모와 분자의 합이 9입니다.
- 분모가 분자보다 큽니다.
- $\frac{1}{2}$보다 큽니다.

563 조건과 분수

월 일

◐ 주어진 분수를 보고 빈칸에 알맞은 분수를 써넣으시오.

$\frac{3}{11}$ $\frac{6}{11}$ $\frac{7}{11}$ $\frac{8}{11}$ $\frac{5}{11}$

분모가 11인 분수입니다.

가장 큰 수는 $\frac{8}{11}$ 이고,

가장 작은 수는 $\frac{3}{11}$ 입니다.

❶ $\frac{2}{7}$ $\frac{2}{9}$ $\frac{2}{4}$ $\frac{2}{10}$ $\frac{2}{8}$

분자가 2인 분수입니다.

가장 큰 수는 $\frac{2}{4}$ 이고

가장 작은 수는 $\frac{2}{10}$ 입니다.

❷ $\frac{2}{10}$ $\frac{4}{8}$ $\frac{3}{9}$ $\frac{1}{11}$ $\frac{5}{7}$

분모와 분자의 합이 12인 분수입니다.

$\frac{1}{2}$과 같은 수는 $\frac{4}{8}$ 이고

$\frac{1}{2}$보다 큰 수는 $\frac{5}{7}$ 입니다.

❸ $\frac{1}{20}$ $\frac{1}{15}$ $\frac{1}{7}$ $\frac{1}{18}$ $\frac{1}{4}$

분자가 1인 분수입니다.

가장 큰 수는 $\frac{1}{4}$ 이고

가장 작은 수는 $\frac{1}{20}$ 입니다.

◈ 조건에 맞는 분수를 모두 쓰시오.

분모가 13인 분수 중 $\frac{5}{13}$보다 크고 $\frac{12}{13}$보다 작은 분수

$\frac{6}{13}$ $\frac{7}{13}$ $\frac{8}{13}$ $\frac{9}{13}$ $\frac{10}{13}$ $\frac{11}{13}$

❶ 분자가 1인 분수 중 $\frac{1}{12}$보다 크고 $\frac{1}{5}$보다 작은 분수

$\frac{1}{11}$ $\frac{1}{10}$ $\frac{1}{9}$ $\frac{1}{8}$ $\frac{1}{7}$ $\frac{1}{6}$

❷ 분모가 12인 분수 중 $\frac{4}{12}$보다 작은 분수

$\frac{1}{12}$ $\frac{2}{12}$ $\frac{3}{12}$

❸ 분자와 분모의 합이 10인 분수 중 $\frac{1}{2}$보다 작은 분수

$\frac{1}{9}$ $\frac{2}{8}$ $\frac{3}{7}$

❹ 분자가 3인 분수 중 $\frac{3}{13}$보다 크고 $\frac{3}{7}$보다 작은 분수

$\frac{3}{12}$ $\frac{3}{11}$ $\frac{3}{10}$ $\frac{3}{9}$ $\frac{3}{8}$

564 조건과 개수

월 일

◐ 조건에 맞는 수에 모두 ○표 하고, 개수를 구하시오.

조건
- 분자는 2입니다.
- $\frac{2}{10}$보다 큰 분수입니다.
- 분모는 3보다 큽니다.

$\frac{1}{2}$, $\frac{1}{3}$, $\frac{2}{3}$, ($\frac{2}{4}$), ($\frac{2}{5}$), ($\frac{2}{6}$), ($\frac{2}{7}$), ($\frac{2}{8}$), ($\frac{2}{9}$), $\frac{2}{10}$, $\frac{2}{11}$, $\frac{2}{12}$

6 개

❶ **조건**
- 분모는 10입니다.
- 분자는 분모보다 작습니다.
- $\frac{1}{2}$보다 큰 분수입니다.

$\frac{1}{9}$, $\frac{2}{9}$, $\frac{1}{10}$, $\frac{2}{10}$, $\frac{3}{10}$, $\frac{4}{10}$, $\frac{5}{10}$, ($\frac{6}{10}$), ($\frac{7}{10}$), ($\frac{8}{10}$), ($\frac{9}{10}$), $\frac{9}{11}$

4 개

❷ **조건**
- 분자가 1보다 큽니다.
- 분모가 6보다 작습니다.
- 분모가 분자보다 큽니다.

$\frac{1}{2}$, $\frac{1}{3}$, ($\frac{2}{3}$), $\frac{1}{4}$, ($\frac{2}{4}$), ($\frac{3}{4}$), $\frac{1}{5}$, ($\frac{2}{5}$), ($\frac{3}{5}$), ($\frac{4}{5}$), $\frac{1}{6}$, $\frac{2}{6}$

6 개

❸ **조건**
- 분모와 분자의 차가 1입니다.
- 분모가 분자보다 큽니다.
- 분자는 8보다 작습니다.

($\frac{1}{2}$), $\frac{1}{3}$, ($\frac{2}{3}$), $\frac{1}{4}$, $\frac{2}{4}$, ($\frac{3}{4}$), ($\frac{4}{5}$), ($\frac{5}{6}$), ($\frac{6}{7}$), ($\frac{7}{8}$), $\frac{8}{9}$, $\frac{9}{10}$

7 개

분수의 크기를 비교할 때에는 분자, 분모, $\frac{1}{2}$ 중에서 기준이 되는 것을 정합니다.

◐ 조건에 알맞은 분수를 모두 쓰고, 개수를 구하시오.

조건
- 분자와 분모의 합이 10보다 작습니다.
- 분모가 분자보다 큽니다.
- $\frac{1}{2}$보다 작습니다.

$\frac{1}{3}$, $\frac{1}{4}$, $\frac{1}{5}$, $\frac{2}{5}$, $\frac{1}{6}$, $\frac{2}{6}$, $\frac{1}{7}$, $\frac{2}{7}$, $\frac{1}{8}$

9 개

❶ **조건**
- 분자는 1입니다.
- 분모는 1보다 큽니다.
- $\frac{1}{12}$보다 큽니다.

$\frac{1}{2}$, $\frac{1}{3}$, $\frac{1}{4}$, $\frac{1}{5}$, $\frac{1}{6}$, $\frac{1}{7}$, $\frac{1}{8}$, $\frac{1}{9}$, $\frac{1}{10}$, $\frac{1}{11}$

10 개

❷ **조건**
- 분모가 12입니다.
- 분자는 분모보다 작습니다.
- $\frac{3}{12}$보다 큽니다.

$\frac{4}{12}$, $\frac{5}{12}$, $\frac{6}{12}$, $\frac{7}{12}$, $\frac{8}{12}$, $\frac{9}{12}$, $\frac{10}{12}$, $\frac{11}{12}$

8 개

❸ **조건**
- 분모가 8보다 작습니다.
- 분모가 분자보다 큽니다.
- $\frac{1}{2}$보다 큽니다.

$\frac{2}{3}$, $\frac{3}{4}$, $\frac{3}{5}$, $\frac{4}{5}$, $\frac{4}{6}$, $\frac{5}{6}$, $\frac{4}{7}$, $\frac{5}{7}$, $\frac{6}{7}$

9 개

잘 공부했는지 알아봅시다

월 일

1 시윤이가 만든 수수께끼입니다. 수수께끼를 읽고 조건에 맞는 분수를 구하시오.

- 분모가 분자보다 큽니다.
- 분모와 분자의 합이 12입니다.
- $\frac{1}{2}$보다 큽니다.

— $\frac{5}{7}$

2 빈칸에 들어갈 수 있는 수를 모두 찾아 ○표 하시오.

$$\frac{7}{9} > \square > \frac{7}{16}$$

(○$\frac{1}{2}$) $\frac{7}{8}$ $\frac{5}{16}$ (○$\frac{8}{16}$) (○$\frac{7}{15}$)

분모가 같은 분수는 분자가 클수록 큰 수이고, 분자가 같은 분수는 분모가 작을수록 큰 수입니다.

3 조건에 맞는 분수를 모두 쓰시오.

❶ 조건

- 분모가 분자보다 큽니다.
- 분모는 9입니다.
- $\frac{1}{2}$보다 작은 수입니다.

$\frac{1}{9}$ $\frac{2}{9}$ $\frac{3}{9}$ $\frac{4}{9}$

❷ 조건

- 분모와 분자의 합은 15입니다.
- $\frac{1}{2}$보다 큰 분수입니다.
- 분모가 분자보다 큽니다.

$\frac{7}{8}$ $\frac{6}{9}$

565 분수와 소수

월 일

◐ 색칠한 부분의 크기를 분수와 소수로 나타내시오.

분수	$\frac{3}{10}$
소수	0.3

❶ 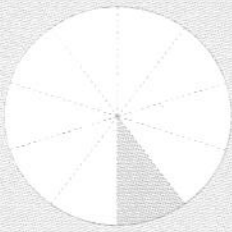

분수	$\frac{1}{10}$
소수	0.1

❷ 

분수	$\frac{9}{10}$
소수	0.9

❸ 

분수	$\frac{5}{10}$
소수	0.5

❹ 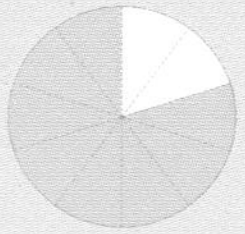

분수	$\frac{8}{10}$
소수	0.8

❺ 

분수	$\frac{2}{10}$
소수	0.2

❻ 

분수	$\frac{7}{10}$
소수	0.7

❼ 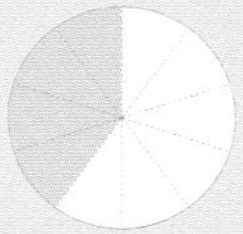

분수	$\frac{4}{10}$
소수	0.4

❽ 

분수	$\frac{6}{10}$
소수	0.6

분수 $\frac{1}{10}$, $\frac{2}{10}$, $\frac{3}{10}$, …, $\frac{9}{10}$를 소수 0.1, 0.2, 0.3, …, 0.9라 씁니다.

◑ 분수만큼 색칠하고 소수로 나타내시오.

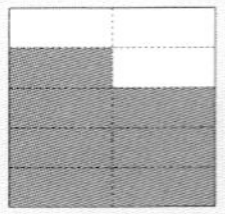

$\frac{7}{10}$ = 0.7

❶ 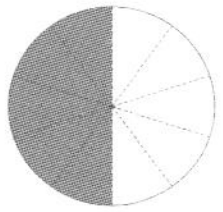

$\frac{5}{10}$ = 0.5

❷ 

$\frac{8}{10}$ = 0.8

❸ 

$\frac{3}{10}$ = 0.3

❹ 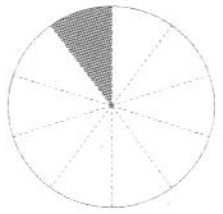

$\frac{1}{10}$ = 0.1

❺ 

$\frac{6}{10}$ = 0.6

❻ 

$\frac{9}{10}$ = 0.9

❼ 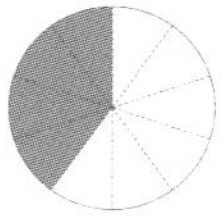

$\frac{4}{10}$ = 0.4

❽ 

$\frac{2}{10}$ = 0.2

566 소수로 나타내기

◐ 그림을 보고 소수로 나타내시오.

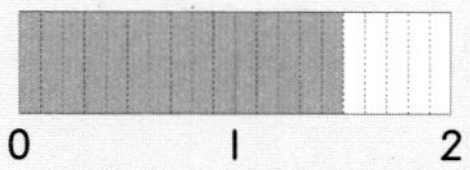

1.5

색칠한 한 칸은 0.1, 0.1이 15개이면 1.5입니다.

❶ 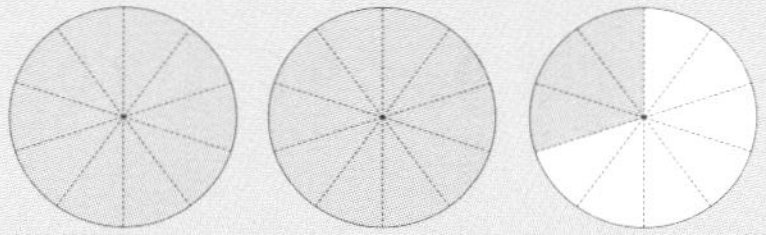

2.3

색칠한 한 칸은 0.1, 0.1이 23개이면 2.3입니다.

❷ 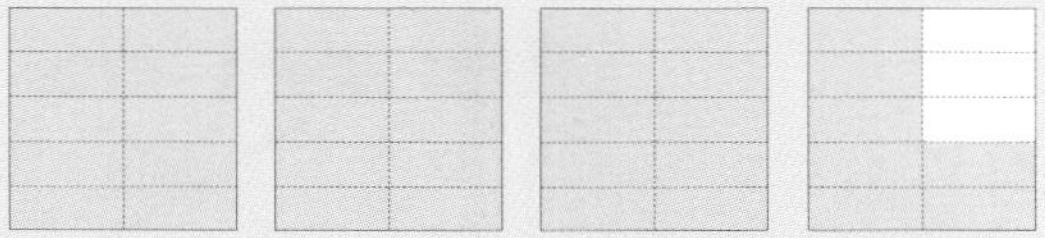

3.7

❸ 

4.4

❹ 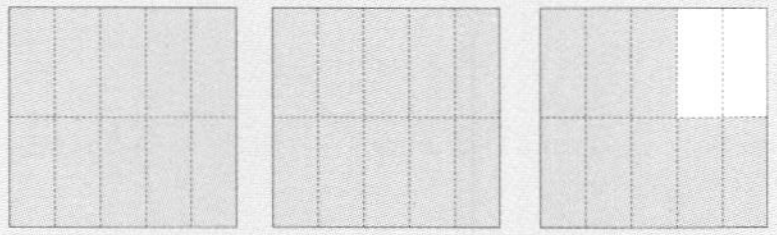

2.8

◐ 분수만큼 색칠하고 소수로 나타내시오.

2와 $\frac{4}{10}$ 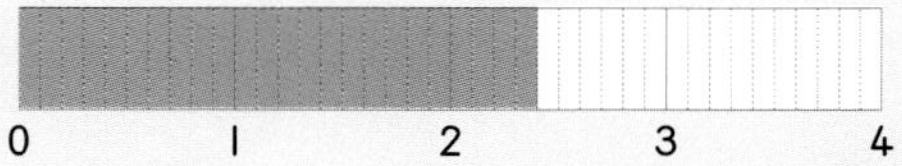 2.4

❶ 3과 $\frac{2}{10}$ 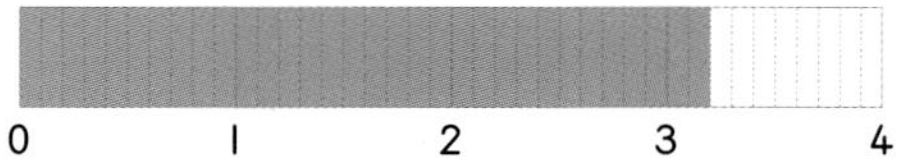 3.2

❷ 1과 $\frac{6}{10}$  1.6

❸ 3과 $\frac{7}{10}$ 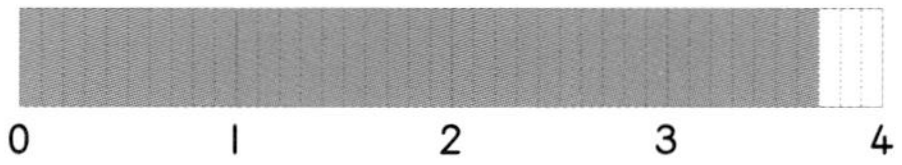 3.7

❹ 2와 $\frac{9}{10}$ 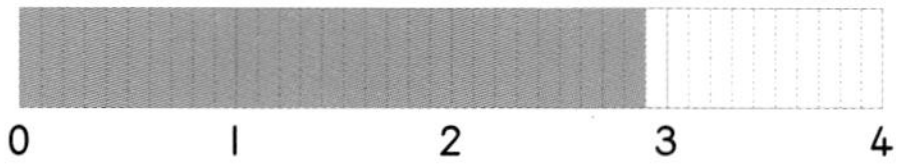 2.9

567 선긋기

월 일

◐ 관계있는 것끼리 선으로 이으시오.

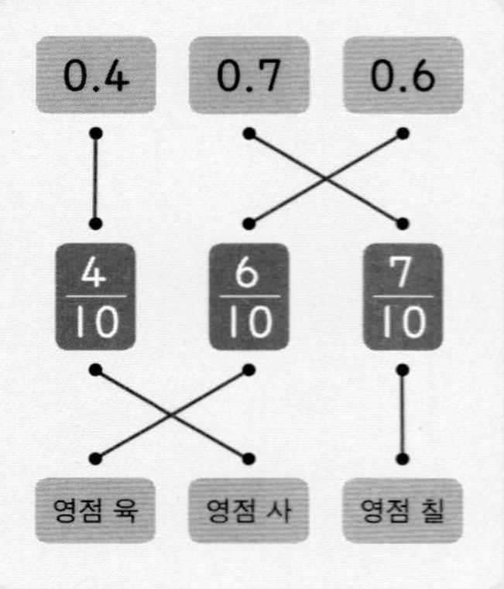

❶
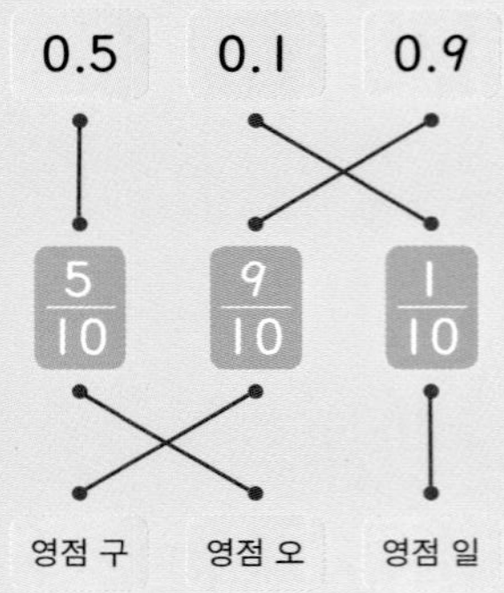

❷
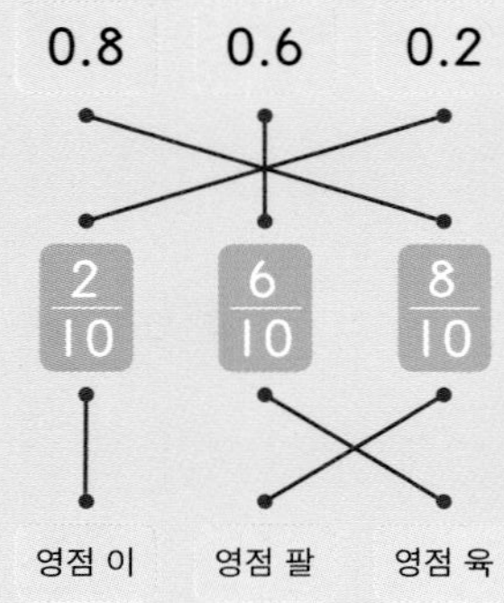

❸
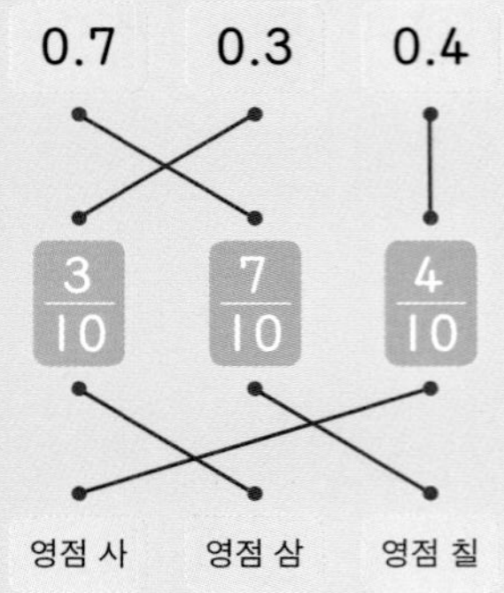

소수 0.1, 0.2, 0.3, …, 0.9는 영점 일, 영점 이, 영점 삼, …, 영점 구라고 읽습니다.

◑ 관계있는 것을 찾아 선을 그으시오.

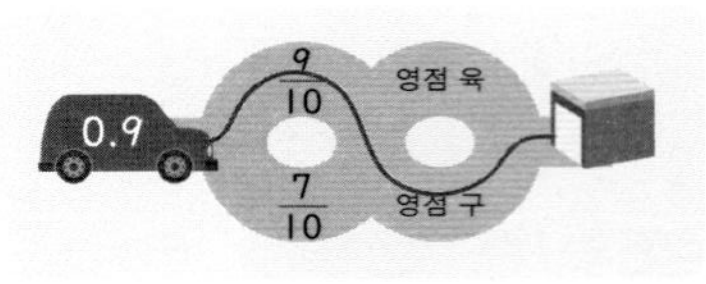

❶
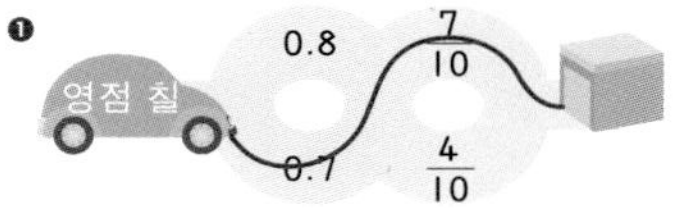

❷
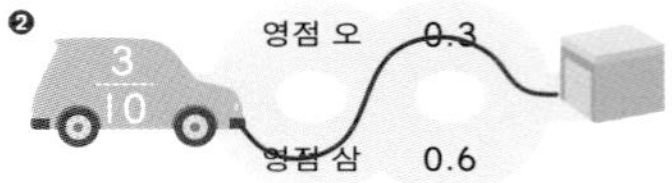

❸
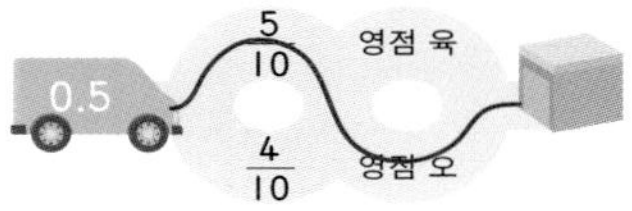

❹
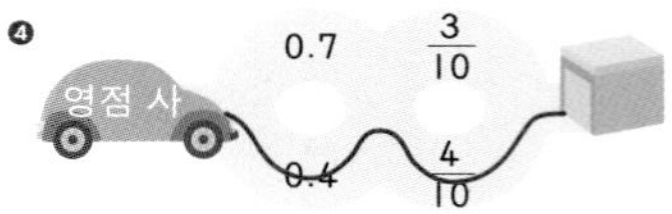

❺
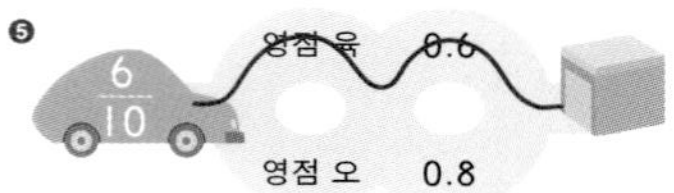

❻
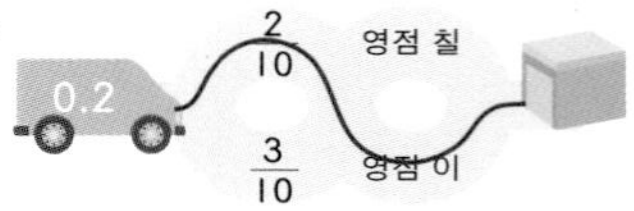

❼
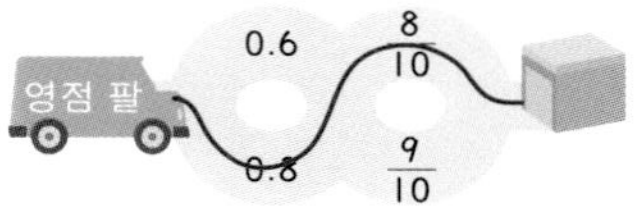

❽
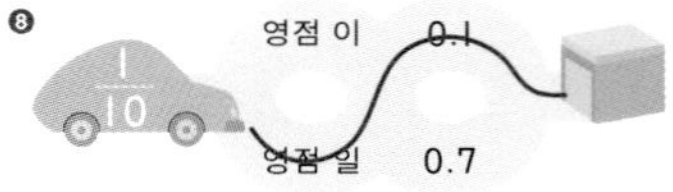

❾
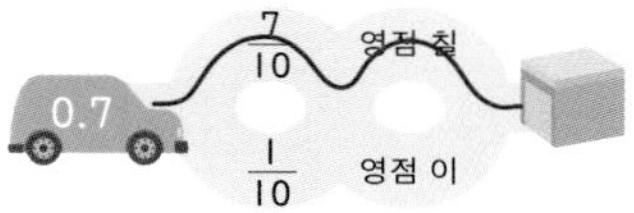

568 색 테이프

◐ 길이를 구하시오.

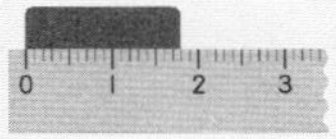

[1] cm [8] mm
= [18] mm
= [1.8] cm

❶ 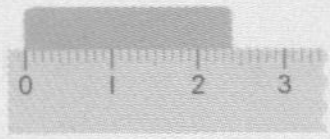

[2] cm [4] mm
= [24] mm
= [2.4] cm

❷ 

[1] cm [6] mm
= [16] mm
= [1.6] cm

❸ 

[2] cm [7] mm
= [27] mm
= [2.7] cm

❹ 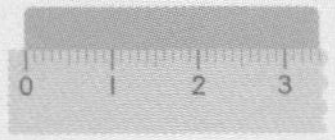

[3] cm [4] mm
= [34] mm
= [3.4] cm

❺ 

[2] cm [9] mm
= [29] mm
= [2.9] cm

❻ 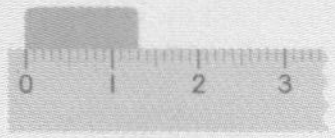

[1] cm [3] mm
= [13] mm
= [1.3] cm

❼ 

[2] cm [8] mm
= [28] mm
= [2.8] cm

❽ 

[3] cm [2] mm
= [32] mm
= [3.2] cm

1mm=0.1cm이므로
1cm 8mm=1.8cm입니다.
53mm=5.3cm입니다.

◑ □ 안에 알맞은 수를 써넣으시오.

5cm 3mm
= [53] mm
= [5.3] cm

❶ 3cm 7mm
= [37] mm
= [3.7] cm

❷ 8cm 9mm
= [89] mm
= [8.9] cm

❸ 36mm
= [3] cm [6] mm
= [3.6] cm

❹ 21mm
= [2] cm [1] mm
= [2.1] cm

❺ 45mm
= [4] cm [5] mm
= [4.5] cm

❻ 5.4cm
= [5] cm [4] mm
= [54] mm

❼ 8.3cm
= [8] cm [3] mm
= [83] mm

❽ 6.5cm
= [6] cm [5] mm
= [65] mm

❾ 72mm
= [7] cm [2] mm
= [7.2] cm

❿ 58mm
= [5] cm [8] mm
= [5.8] cm

⓫ 97mm
= [9] cm [7] mm
= [9.7] cm

잘 공부했는지 알아봅시다

월 일

1 소수만큼 색칠하시오.

❶ 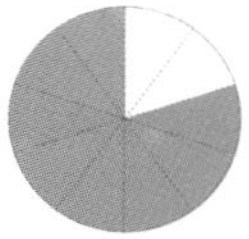

0.8

0.8은 0.1이 8개이므로
8칸을 색칠합니다.

❷ 

0.3

0.3은 0.1이 3개이므로
3칸을 색칠합니다.

2 그림을 보고 소수로 나타내시오.

❶ 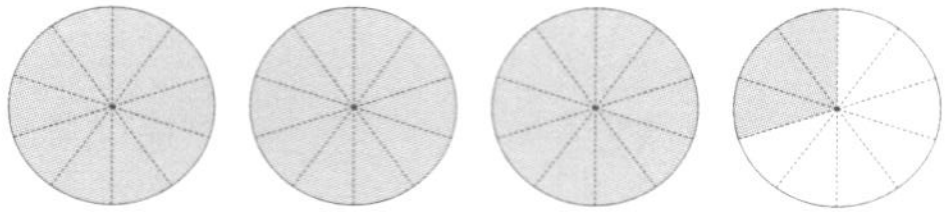

3.3

❷ 

4.7

3 관계있는 것끼리 선으로 이으시오.

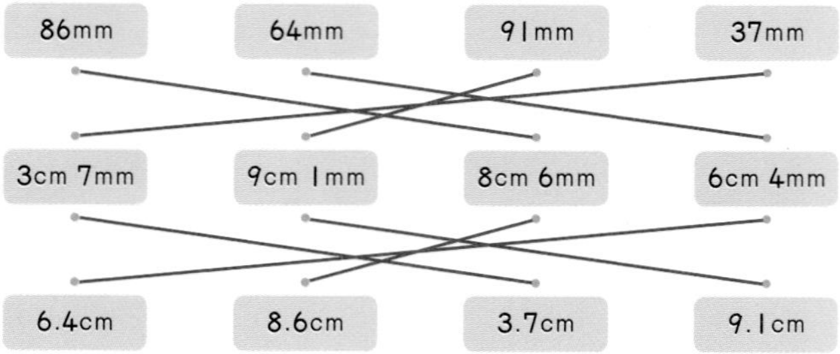

569 순소수의 크기 비교

◐ 소수만큼 색칠하고 ○ 안에 >, =, <를 알맞게 써넣으시오.

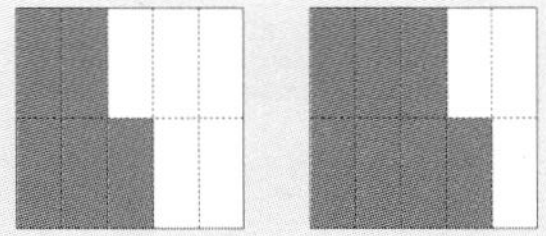

0.5 (<) 0.7

0.5는 0.1이 5개이므로 5칸을 칠하고 0.7은 0.1이 7개이므로 7칸을 칠합니다. 7칸을 칠한 0.7이 더 큰 수입니다.

❶ 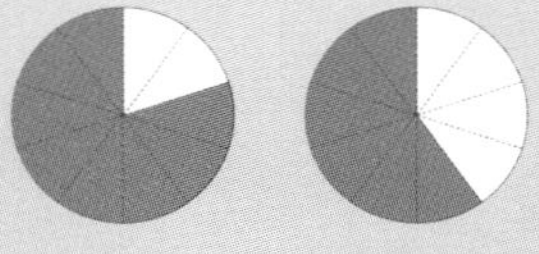

0.8 (>) 0.6

0.8은 0.1이 8개이므로 8칸을 칠하고 0.6은 0.1이 6개이므로 6칸을 칠합니다. 8칸을 칠한 0.8이 더 큰 수입니다.

❷ 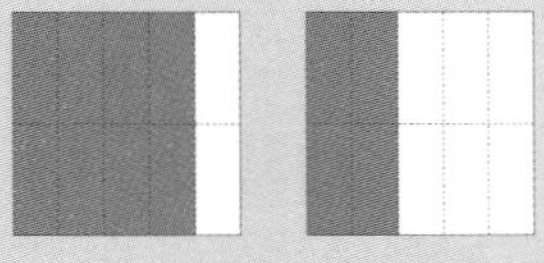

0.8 (>) 0.4

❸ 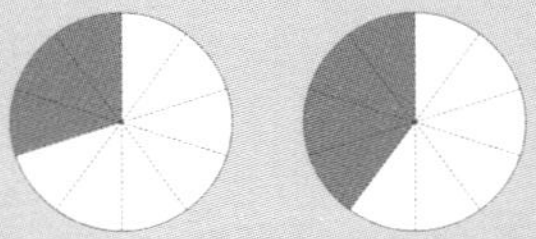

0.3 (<) 0.4

❹ 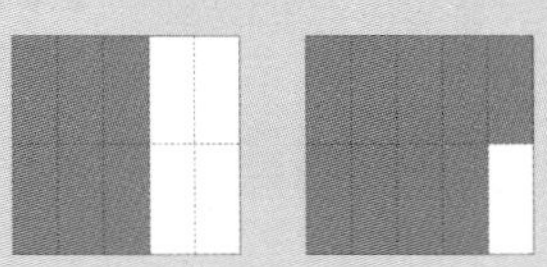

0.6 (<) 0.9

❺ 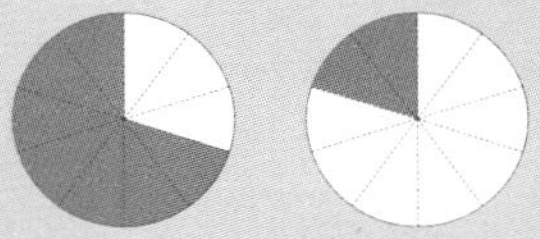

0.7 (>) 0.2

순소수는 소수점 왼쪽의 수가 모두 '0'이므로, 소수점 오른쪽의 수가 큰 쪽이 더 큽니다.
0.2<0.4

◑ 두 수의 크기를 비교하여 ○ 안에 >, =, <를 알맞게 써넣으시오.

0.4 (<) 0.1이 7개인 수 (0.7)

❶ 0.1이 5개인 수 (0.5) (=) $\frac{1}{10}$이 5개인 수 (0.5)

❷ 0.3 (=) $\frac{1}{10}$이 3개인 수

❸ $\frac{1}{10}$이 4개인 수 (<) 0.1이 5개인 수

❹ 0.6 (>) 0.1이 4개인 수

❺ $\frac{1}{10}$이 7개인 수 (>) 0.1이 6개인 수

❻ 0.8 (>) $\frac{1}{10}$이 5개인 수

❼ 0.1이 2개인 수 (<) 0.1이 8개인 수

❽ 0.8 (<) 0.1이 9개인 수

❾ 0.1이 3개인 수 (<) $\frac{1}{10}$이 6개인 수

❿ 0.9 (>) 0.1이 8개인 수

⓫ 0.1이 7개인 수 (=) $\frac{1}{10}$이 7개인 수

⓬ 0.2 (=) 0.1이 2개인 수

⓭ 0.1이 1개인 수 (<) $\frac{1}{10}$이 4개인 수

⓮ 0.3 (<) $\frac{1}{10}$이 6개인 수

⓯ $\frac{1}{10}$이 9개인 수 (>) 0.1이 8개인 수

570 대소수의 크기 비교

월 일

◆ 소수만큼 색칠하고, ○ 안에 >, =, <를 알맞게 써넣으시오.

1.8
2.5
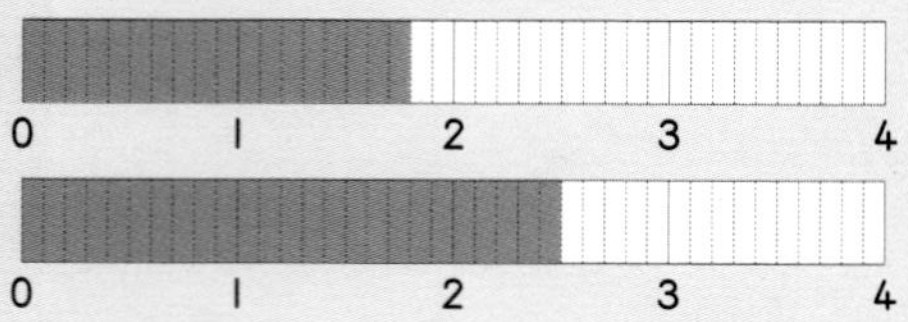

1.8 (<) 2.5

❶ 2.2
2.8
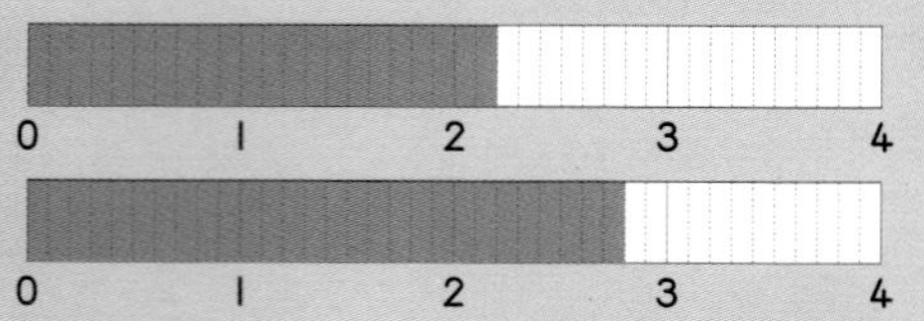

2.2 (<) 2.8

❷ 3.1
2.9
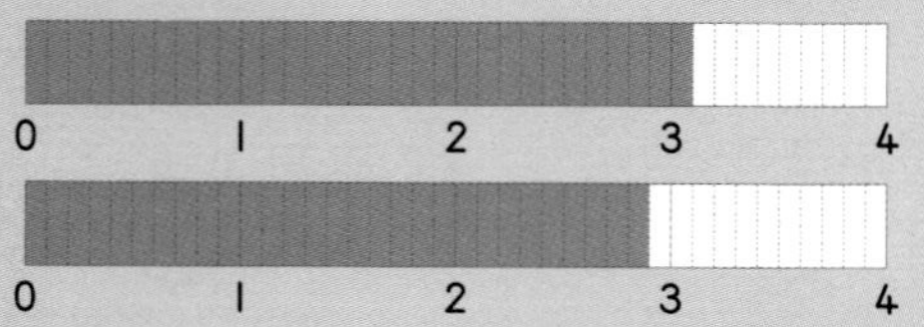

3.1 (>) 2.9

❸ 3.3
3.7
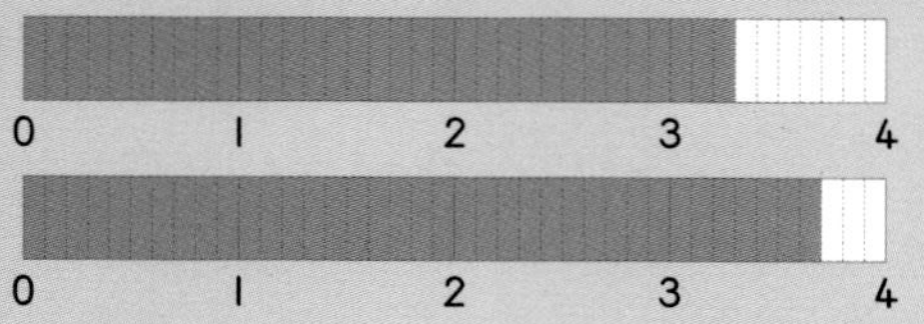

3.3 (<) 3.7

대소수는 소수점 왼쪽의 수가 큰 쪽이 더 큽니다. 소수점 왼쪽의 수가 같으면 소수점 오른쪽의 수가 큰 쪽이 큽니다.
7.1>6.8, 5.4<5.9

◆ 두 수의 크기를 비교하여 ○ 안에 >, =, <를 알맞게 써넣으시오.

3.9 (>) 3과 $\frac{2}{10}$
3.2

❶ 3.5 (>) 0.1이 27개인 수
2.7

❷ 7.5 (<) 7과 $\frac{8}{10}$

❸ 6.3 (=) 6과 0.3만큼의 수

❹ 5.2 (<) 5와 $\frac{4}{10}$

❺ 8.4 (>) 0.1이 81개인 수

❻ 4.3 (<) 4와 $\frac{6}{10}$

❼ 9.5 (<) 0.1이 96개인 수

❽ 6과 $\frac{8}{10}$ (>) 4와 0.7만큼의 수

❾ 0.1이 73개인 수 (<) 0.1이 89개인 수

❿ 4와 0.3만큼의 수 (>) $\frac{1}{10}$이 37개인 수

⓫ 0.1이 31개인 수 (<) $\frac{1}{10}$이 46개인 수

⓬ 9와 0.3만큼의 수 (>) $\frac{1}{10}$이 78개인 수

571 가장 큰 소수 가장 작은 소수

◐ 가장 큰 수에 ○표, 가장 작은 수에 △표 하시오.

0.3 △0.1 ○0.6
0.1<0.3<0.6

❶ 0.6 ○0.8 △0.5
0.5<0.6<0.8

❷ △2.7 ○3.3 2.9

❸ ○2.4 2.1 △1.9

❹ △0.9 1.8 ○2.2

❺ △4.8 ○8.7 5.6

❻ ○1.2 △0.5 0.9

❼ ○6.8 △5.7 6.5

❽ △0.7 1.2 ○3.2

❾ ○8.2 6.9 △2.8

❿ 5.3 ○9.1 △4.6

⓫ 7.3 △5.9 ○7.4

소수점 왼쪽의 수가 큰 쪽이 더 큽니다. 소수점 왼쪽의 수가 같으면 소수점 오른쪽의 수가 큰 쪽이 더 큽니다.

◑ 작은 수부터 차례로 쓰시오.

0.7 5.2 0.5 1.4 1.8
0.5 – 0.7 – 1.4 – 1.8 – 5.2

❶ 0.9 0.3 0.6 0.1 0.5
0.1 – 0.3 – 0.5 – 0.6 – 0.9

❷ 3.4 2.7 1.5 2.3 2.8
1.5 – 2.3 – 2.7 – 2.8 – 3.4

❸ 5.7 4.2 6.8 3.9 2.2
2.2 – 3.9 – 4.2 – 5.7 – 6.8

❹ 3.1 2.7 0.8 9.3 1.7
0.8 – 1.7 – 2.7 – 3.1 – 9.3

572 네모 대소

◐ □ 안에 들어갈 수 있는 수를 모두 찾아 ○표 하시오.

0.7 < 0.□

5 6 7 ⑧ ⑨

소수점 왼쪽의 수가 같으므로 □ 안에 7보다 큰 수가 들어갈 수 있습니다.

❶ 0.□ > 0.6

4 5 6 ⑦ ⑧

소수점 왼쪽의 수가 같으므로 □ 안에 6보다 큰 수가 들어갈 수 있습니다.

❷ 4.5 > □.3

② ③ ④ 5 6

❸ 5.□ < 5.7

⑤ ⑥ 7 8 9

❹ 7.5 < □.2

5 6 7 ⑧ ⑨

❺ 9.□ > 9.4

2 3 4 ⑤ ⑥

❻ 6.5 > 6.□

② ③ ④ 5 6

❼ □.7 < 4.6

① ② ③ 4 5

월 일

◑ □ 안에 들어갈 수 있는 수를 모두 찾아 ○표 하시오.

1.2 < 1.□ < 1.5

1 2 ③ ④ 5

소수점 왼쪽의 수가 같으므로 □ 안에 2보다 크고 5보다 작은 수가 들어갑니다.

❶ 0.6 > 0.□ > 0.3

2 3 ④ ⑤ 6

❷ 3.7 > 3.□ > 3.4

3 4 ⑤ ⑥ 7

❸ 1.7 < □.6 < 5.5

1 ② ③ ④ 5

❹ 6.3 > □.3 > 3.1

2 ③ ④ ⑤ 6

❺ 6.9 < 7.□ < 7.4

① ② ③ 4 5

❻ 0.4 < 0.□ < 0.7

3 4 ⑤ ⑥ 7

❼ 2.8 < 3.□ < 3.3

① ② 3 4 5

잘 공부했는지 알아봅시다

월 일

1 소수만큼 색칠하고, ◯ 안에 >, =, <를 알맞게 써넣으시오.

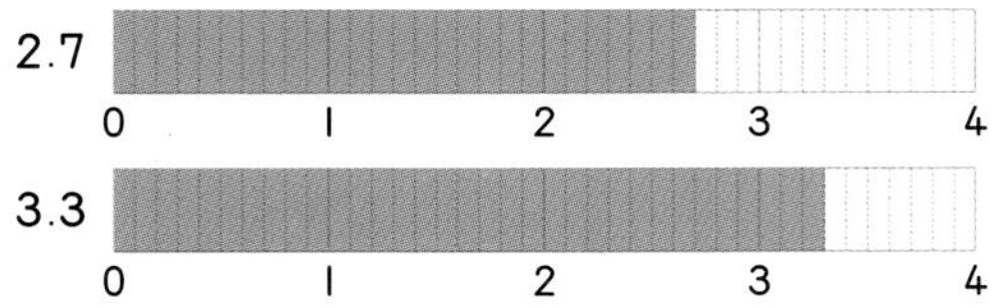

2.7 (<) 3.3

2 가장 큰 수에 ○표, 가장 작은 수에 △표 하시오.

0.1이 37개인 수 3.7 (△)	6과 $\frac{3}{10}$ 6.3	5.7
$\frac{1}{10}$이 65개인 수 6.5 (○)	4와 0.2만큼의 수 4.2	5와 $\frac{1}{10}$ 5.1

3 0.8보다 큰 수를 찾아 모두 쓰시오. 2.4, $\frac{9}{10}$, 3.7

2.4 $\frac{4}{10}$ 0.6 $\frac{9}{10}$ 3.7

4 □ 안에 들어갈 수 있는 수를 모두 찾아 ○표 하시오.

❶ 5.7 < □.6 < 9.1

4 5 (6) (7) (8) 9

❷ 6.4 < □.8 < 8.9

3 4 5 (6) (7) (8)

573 소수 계단

월 일

◐ 숫자 카드를 두 장씩 사용하여 만든 소수 한 자리 수를 작은 수부터 밑에서부터 쓰시오.

예시: 5 2 1 → 1.2, 1.5, 2.1, 2.5, 5.1, 5.2

❶ 6 8 3 → 3.6, 3.8, 6.3, 6.8, 8.3, 8.6

❷ 4 1 7 → 1.4, 1.7, 4.1, 4.7, 7.1, 7.4

❸ 2 9 3 → 2.3, 2.9, 3.2, 3.9, 9.2, 9.3

숫자 카드 세 장을 두 장씩 사용하여 만들 수 있는 소수 한 자리 수는 모두 6개입니다. 소수 한 자리 수 6개를 작은 수부터 차례로 써넣습니다.

◐ 숫자 카드를 두 장씩 사용하여 만든 소수 한 자리 수를 작은 수부터 밑에서부터 쓰시오.

예시: 1 3 4 → 1.3, 1.4, 3.1, 3.4, 4.1, 4.3

❶ 2 7 9 → 2.7, 2.9, 7.2, 7.9, 9.2, 9.7

❷ 4 5 2 → 2.4, 2.5, 4.2, 4.5, 5.2, 5.4

❸ 3 7 6 → 3.6, 3.7, 6.3, 6.7, 7.3, 7.6

574 조건과 소수

월 일

◐ 소수를 보고 맞으면 ○표, 틀리면 ×표 하시오.

0.7
- 0.1과 0.8 사이의 수입니다. $0.1<0.7<0.8$ (○)
- $\frac{5}{10}$보다 작은 수입니다. $0.7>\frac{5}{10}$ (×)
- 0.1이 6개인 수보다 큰 수입니다. (0.6) $0.7>0.6$ (○)

❶ **0.2**
- 0.1이 4개인 수보다 작은 수입니다. (○)
- 0.1과 0.9 사이의 수입니다. (○)
- $\frac{1}{10}$이 3개인 수보다 큰 수입니다. (×)

❷ **3.6**
- $\frac{1}{10}$이 40개인 수보다 작은 수입니다. (○)
- 3과 $\frac{5}{10}$인 수보다 작은 수입니다. (×)
- 3과 0.6 만큼의 수입니다. (○)

❸ **8.1**
- 8과 $\frac{2}{10}$인 수보다 큰 수입니다. (×)
- 7.9와 8.5 사이의 수입니다. (○)
- 0.1이 80개인 수보다 큰 수입니다. (○)

◐ 주어진 조건에 맞는 소수 한 자리 수를 빈칸에 써넣으시오.

두 조건에 모두 해당하는 소수 한 자리 수를 씁니다.

조건
- 0.1과 0.5 사이의 수입니다.
- 0.1이 3개인 수보다 큰 수입니다.

0.4

$0.1<●<0.5$
$0.3<●$
→ $0.3<●<0.5$
→ $●=0.4$

❶ 조건
- $\frac{1}{10}$이 17개인 수보다 큰 수입니다.
- 1.9보다 작은 수입니다.

1.8

$●>1.7$
$●<1.9$
→ $1.7<●<1.9$
→ $●=1.8$

❷ 조건
- 5와 $\frac{8}{10}$인 수보다 작은 수입니다.
- 0.1이 56개인 수와 0.1이 59개인 수 사이의 수입니다.

5.7

❸ 조건
- 2.5와 2.8 사이의 수입니다.
- 2와 0.6만큼의 수와 $\frac{1}{10}$이 29개인 수 사이의 수입니다.

2.7

❹ 조건
- $\frac{1}{10}$이 31개인 수와 $\frac{1}{10}$이 34개인 수 사이의 수입니다.
- 0.1이 33개인 수보다 작은 수입니다.

3.2

❺ 조건
- 8과 0.1만큼의 수보다 큰 수입니다.
- 7과 $\frac{8}{10}$인 수와 8.3 사이의 수입니다.

8.2

575 길이와 소수

월 일

◐ 길이에 맞게 빈칸에 알맞게 써넣으시오.

길이가 짧은 막대부터 작은 수를 씁니다.

예	
0.7cm	
1.4cm	
1.6cm	
2.1cm	
1.4cm	1.6cm
0.7cm	2.1cm

0.7<1.4<1.6<2.1

❶

1.7cm	
0.9cm	
1.5cm	
2.4cm	
1.7cm	2.4cm
0.9cm	1.5cm

0.9<1.5<1.7<2.4

❷

1.4cm	
2.6cm	
0.8cm	
3.1cm	
2.6cm	0.8cm
3.1cm	1.4cm

❸

2.8cm	
0.6cm	
1.3cm	
3.3cm	
1.3cm	0.6cm
3.3cm	2.8cm

◐ 길이에 맞게 빈칸에 알맞게 써넣으시오.

여러 가지 형태로 나타낸 길이를 모두 '□cm' 형태로 나타낸 다음, 소수의 크기를 비교하여 길이가 짧은 막대부터 작은 수를 씁니다.

예	
14mm	
9mm	
1cm 6mm	
1.8cm	
1cm 6mm	1.8cm
9mm	14mm

❶

7mm	
25mm	
1cm 8mm	
2.3cm	
2.3cm	1cm 8mm
7mm	25mm

❷

3cm 2mm	
15mm	
5mm	
2.7cm	
5mm	2.7cm
15mm	3cm 2mm

❸

2cm 1mm	
2.6cm	
19mm	
3.1cm	
2.6cm	19mm
2cm 1mm	3.1cm

576 한 식 문장제

◐ 문제를 읽고 답을 쓰시오.

민국이의 50m 달리기 기록은 9.2초이고, 현우의 기록은 8.8초입니다. 더 빨리 달린 사람은 누구입니까?

현우

❶ 고양이의 무게는 1.9kg이고, 강아지의 무게는 2.2kg입니다. 더 가벼운 동물은 무엇입니까?

고양이

❷ 지현이는 우유를 0.4L, 은희는 0.7L 마셨습니다. 우유를 더 많이 마신 사람은 누구입니까?

은희

❸ 어버이날 선물을 포장하기 위하여 민정이는 9.2cm, 민정이의 오빠는 8cm 7mm의 리본을 사용했습니다. 누가 리본을 더 많이 사용했습니까?

민정

❹ 민희와 정우는 동시에 숙제를 시작했습니다. 숙제를 끝마치는데 민희는 2.3시간, 정우는 1.9시간이 걸렸습니다. 숙제를 더 빨리 끝낸 사람은 누구입니까?

정우

월 일

◐ 문제를 읽고 답을 쓰시오.

영희의 책가방의 무게는 1.2kg, 민지의 책가방의 무게는 0.9kg, 시윤이의 책가방의 무게는 1.3kg입니다. 누구의 책가방이 가장 가볍습니까?

민지

❶ 혜윤, 지훈, 은주의 키를 1년마다 기록하고 있습니다. 작년보다 혜윤이는 21mm, 지훈이는 2.8cm, 은주는 2cm 5mm 자랐습니다. 키가 가장 많이 자란 사람은 누구입니까?

지훈

❷ 설악산의 높이는 1.7km, 한라산은 1.9km, 백두산은 2.7km입니다. 높이가 가장 낮은 산은 어느 산입니까?

설악산

❸ 어느 해 12월에 내린 눈의 양을 기록한 것입니다. 12월 2일 15mm, 12월 17일 3cm 1mm, 12월 22일 2.7cm가 내렸습니다. 눈이 가장 많이 내린 날은 12월 며칠입니까?

17일

❹ 미술 시간에 상석이네 반 친구들은 찰흙으로 여러 가지 동물을 만들었습니다. 사용한 찰흙의 양은 상석이가 2.2kg, 성준이는 1.5kg, 세환이는 2.9kg입니다. 찰흙을 가장 적게 사용한 사람은 누구입니까?

성준

잘 공부했는지 알아봅시다

월 일

1 조건에 맞는 소수 한 자리 수를 □ 안에 써넣으시오.

- 6.5와 7.3 사이의 수입니다.
- 6과 $\frac{8}{10}$보다 크고 7과 $\frac{3}{10}$보다 작은 수 입니다.
- $\frac{1}{10}$이 71개인 수보다 큰 수입니다.

7.2

6.8 < ● < 7.5
7.1 < ●
→ 7.1 < ● < 7.3
→ ● = 7.2

2 석우, 은영이, 은주는 과수원에서 귤을 땄습니다. 석우는 6.4kg, 은영이는 5.7kg, 은주는 7.1kg의 귤을 땄다면, 귤을 가장 많이 딴 사람은 누구입니까?

은주

3 미술 시간에 사용한 종이테이프의 길이입니다. 종이테이프를 가장 많이 사용한 사람은 누구입니까? 현민

영지 : 5.2cm	현민 : 63mm 6.3cm
은철 : 3cm 8mm 3.8cm	민우 : 5.9cm

4 지원이는 생일에 친구들과 케이크를 먹었습니다. 지원이가 케이크의 $\frac{1}{10}$만큼, 영아가 0.2만큼, 민석이가 $\frac{4}{10}$만큼, 태현이가 0.3만큼 먹었습니다. 케이크를 많이 먹은 사람부터 순서대로 쓰시오. 민석, 태현, 영아, 지원

NE 능률

개념에 강하다!

계통으로 수학이 쉬워지는
새로운 개념기본서

2015 개정 교육과정

월등한 개념 수학

개념의 연계성 제시!
계통 학습
+
철저한 복습 지원!
1:1 매칭 학습
+
문제 풀이 핵심 짚기!
키워드 학습

초3~초6

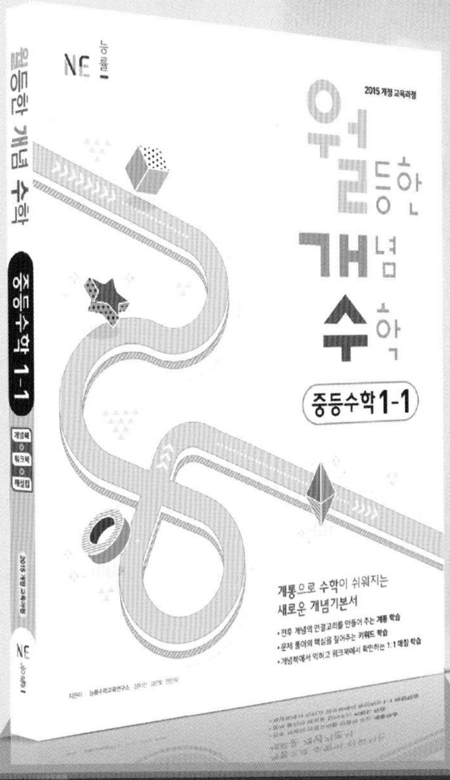

중1~중3

www.nebooks.co.kr
월등한개념수학

NE능률의 모든 교재가 한 곳에 - 엔이 북스

NE_Books

www.nebooks.co.kr ▼

NE능률의 유초등 교재부터 중고생 참고서,
토익·토플 수험서와 일반 영어까지!
PC는 물론 태블릿 PC, 스마트폰으로 언제 어디서나
NE능률의 교재와 다양한 학습 자료를 만나보세요.

✓ 필요한 부가 학습 자료 바로 찾기
✓ 주요 인기 교재들을 한눈에 확인
✓ 나에게 딱 맞는 교재를 찾아주는 스마트 검색
✓ 함께 보면 좋은 교재와 다음 단계 교재 추천
✓ 회원 가입, 교재 후기 작성 등 사이트 활동 시 NE Point 적립

영어교과서 리딩튜터 능률보카 빠른독해 바른독해 수능만만 월등한 개념 수학 토마토TOEIC 토마토 클래스 NE 클래스
NE_Build & Grow NE_Times NE_Kids(굿잡,상상수프) NE_능률 주니어랩 NE 매쓰펀

건강한 배움의 즐거움
NE 능률